# 禪的知見

為參話頭做準備

精華版

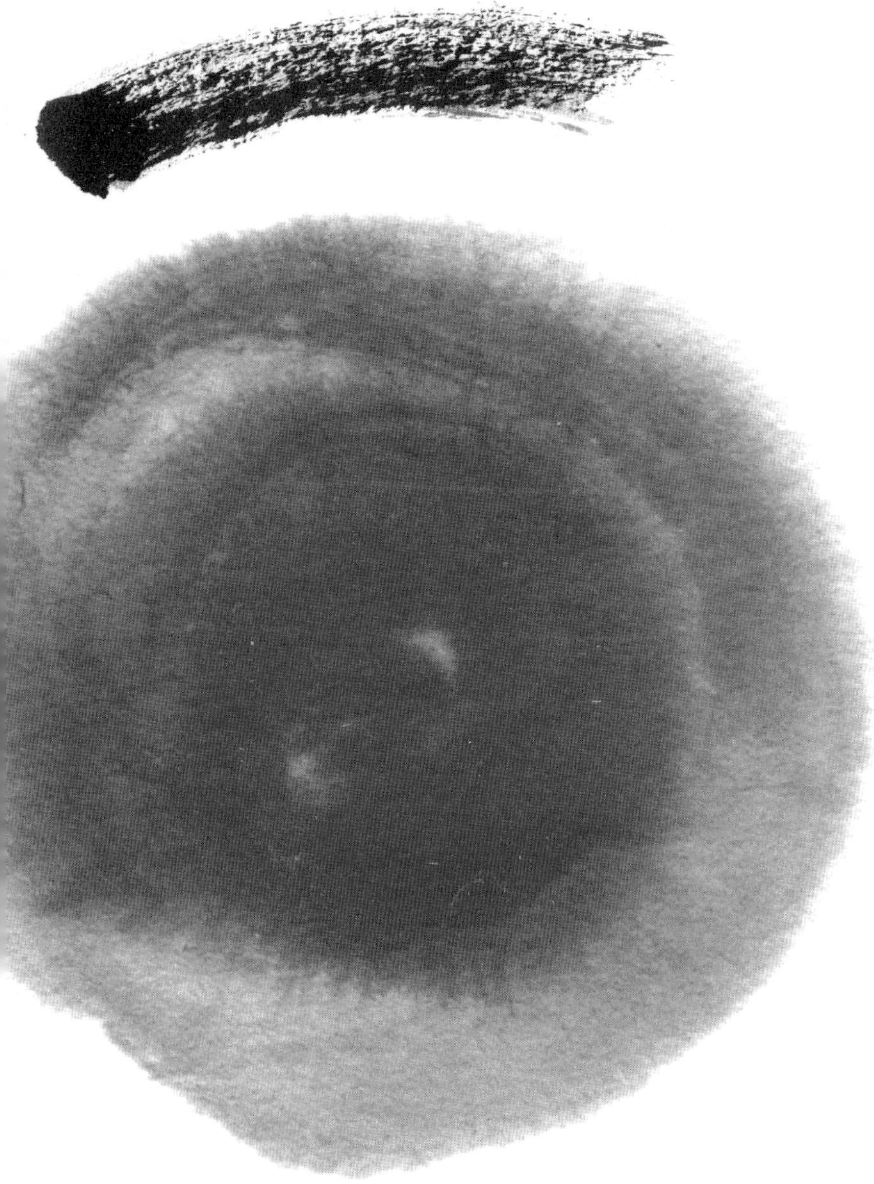

# 目次

# 出版序

《禪的知見：為參話頭做準備》為果如法師帶領大慧宗杲禪修營期間，擇錄開示並編輯成冊。內容由談禪，再談禪修，最終聚焦中國禪宗初祖達摩祖師禪法特色。為因應現代人忙碌不歇的生活型態，為使禪法不再被誤解為遙不可及，果如法師在書中多次以深入簡出的文句舉自身修持的經歷，鼓勵禪眾實修禪法、在生活中運用禪法，即使本身不是佛教徒、沒有佛教信仰，也能學習禪法、透過禪法來改變與跳脫生命困境。而且，甚至可說愈忙碌的人愈應該接觸與學習禪法，才能體會禪法的平易近人、禪法與生命的密不可分，乃至為自己的生命帶來美好的改變。

大多數人一聽到禪修，便立刻聯想到打坐，進而將禪修與打坐劃上等號，事實上並非如此。「打坐」只是禪修的其中一種方法而已，甚至在歷代祖師的開悟公案中，許多祖師都不是在蒲團上打坐時開悟，也所以禪門流傳一句話：「開悟，不在腿。」以最廣為人知的祖師──六祖惠能大師為例，他只是聽到一句：「應無所住而生其心」便有了領會，乃至他留下一首偈頌：「菩提本無樹，明鏡亦非台；本來無一物，何處惹塵埃？」終受五祖傳授衣缽，期間皆未有於蒲團上打坐參悟的過程。

那麼，打坐是否沒有用處呢？如果下了如此結論又太過武斷，因為「打坐」確實是能讓心進入統一狀態的最迅捷方式，只是不必然產生開悟的結果罷了。果如法師在本書中介紹了數種禪修法門，讓不同根器的修學者抉擇適合自己的法門，此外，在書中除了表達開悟不靠腿功，卻也用了不少篇幅說明打坐所引起身心反應的處理方式，讓不同根器的修學者都能在所抉擇的禪修方法中無所罣礙地正確實修。

本書的目的是讓腳步匆忙又煩惱焦躁的現代人，能夠不離開原來生活地將禪法運用在生活事務中，不僅如此，也透過此書來建立禪修與學佛的正確知見，最終體得禪法利益、沐浴於禪悅法喜。

# 第一章　中國禪法的生命軌跡

## 先清楚默照不是邪禪、真常唯心不是神我：弘揚祖師禪的前行

雖然現在我帶的禪修是以話頭禪為主，但藉本書的因緣，稍微闡述什麼是「默照禪」、「話頭禪」、「念佛禪」及其歷史背景。而這些法門的特色是什麼？經典的依據是什麼？祖師開展出不同特色的禪法，我們又要如何應用才能使身心從各個教法領略禪修利益？本書主軸仍是談大慧宗杲的話頭。

太虛大師提到：「中國佛學之特質在禪」。如果要把中國禪法推出去，要以什麼為主軸呢？我們一向自認為不是臨濟就是曹洞的禪法！但自己的傳承是什麼？我們必須認清，並擔當起弘揚「祖師禪」的大任。可是祖師禪到底是什麼？什麼是「話頭」？什麼是「默照」？家師聖嚴法師早期帶我們時，根本沒有教授這些名稱，只是配合我們身心轉變時給予不同方法。最初大家都是從數息入手，但經過一段時間後，每個人用的進階法門，隨著各自狀態而不同，甚至修到可以給話頭的階段時，每個人的話頭也不太一樣。

這些方法到底從哪裡來？與中華佛教特色有何關連？禪有哪些演變？過程中的產物有哪些？坦言之，在那段時間裡，我也不甚清楚。直到家師要我回禪堂帶領時，為了領

眾圓滿，我便需多方涉獵禪宗語錄等相關典籍，尤其禪堂的主軸法門：「默照」與「話頭」。

到底「默照」怎麼來的？「話頭」又如何產生？為什麼這兩個法門都在同時代，卻又互斥？曹洞一脈有宏智正覺禪師[1]，又名「天童正覺」、「天童老人」，其提倡默照禪時，很多人接受，也產生很大的影響。不過，同是禪門，臨濟宗的大慧宗杲竟然不客氣地直說默照是邪禪[2]。我心裡疑惑，為何有此言論出現？不都是祖師禪嗎？不是很好的法門嗎？

1 宏智正覺禪師（1091年—1157年），俗姓李，法號正覺，諡號宏智禪師，山西隰州人，宋代著名禪師。為曹洞宗門下，開創默照禪法，與臨濟宗大慧宗杲齊名，時人稱他們為「二甘露門」。十一歲出家，十四歲受具足戒，後進入丹霞子淳門下，成為曹洞宗傳人。三十九歲時，居於浙江天童寺（天童山景德禪寺）傳法近三十年，殿堂煥新，增設田園，會下千餘人，稱為曹洞中興，故又被稱為「天童正覺」。弟子將其著作收錄為《宏智正覺禪師廣錄》，內含《默照銘》、《坐禪箴》等。

2 《大慧普覺禪師語錄》（卷20）：「今時學道人，不問僧俗，皆有二種大病。一種多學言句，於言句中作奇特想。一種不能見月亡指，於言句悟入，而聞說佛法禪道，不在言句上，便盡撥棄；一向閉眉合眼，做死模樣，謂之靜坐觀心默照，更以此邪見。」

在禪法上的修行，若以印順法師的觀點來看，禪宗是「真常唯心」這一系[3]。因為當我們參禪時，認定有一個真正的佛性，或亙古長存、不生不滅、超出於物相，然後真實不變的東西。例如《圓覺經》說：「善男子，彼之眾生，幻身滅故，幻心亦滅。幻心滅故，幻塵亦滅。幻塵滅故，幻滅亦滅。幻滅滅故，非幻不滅。譬如磨鏡，垢盡明現。」達非幻時，亦即所有的幻都除掉時，不是幻的東西就是真了。

依經典這樣的說法，然後禪修的用功，是不是相近於印度教的「神我」概念？在禪修過程中，自己是否會掉落在「神我」的困境中？我會盡自己的力量在本書中說明，大家清楚明白後，修行才不會亂。否則大多數人的修行就是盲修瞎練，往往以自己的身心體驗或覺受來當作修行指標，這樣會產生很多問題。

3 聖嚴法師在〈印順長老著述中的真常唯心論—以《大乘起信論講記》為主〉（中華佛學學報第13期）提到：「印導將印度大乘佛教思想，分為中觀、唯識、唯心的三大系。」性空唯名，是指《般若經》及《中觀論》等；虛妄唯識，是泛指《攝大乘論》、《成唯識論》、《解深密經》等；真常唯心，是指如來藏系統的經論如《楞伽》、《維摩》、《華嚴》、《法華》等經及《寶性》、《起信》等論。

## 怎麼知道自己適合默照或話頭呢？

### 默照先解經義，話頭得有疑情——為見實相的前導功夫

法鼓宗的修行，絕對不像後期祖師禪所倡導的那般，要我們不識教理，也不看經論，更不在其他方式上去用功，完全把經教義理當作毒蛇，當作不可接觸的東西，甚至連佛都不該去稱念名號、禮拜，最後只用棒、用喝這些形式而已。

希望藉著這本書做個總結，讓大家體會到話頭禪真正的精神和特色。在這裡面也會兼帶祖師禪原來的特色，如何演變成各家各派。解釋這些只是要釐清觀念，不希望變成一種知見、不要在修行時產生窒礙。知道這些來源、過程、演變很好，不知道也沒關係，因為最重要的是要在禪修上努力。當你身心有這些問題產生時，用自己的生命去體驗它、受用它，就可知道其實這些都不叫對錯是非，只不過是祖師他們用功後，在生命裡發現到自己覺悟過程的特色罷了。

因此，每個特色經由生命歷練出來後，祖師見到的就是法的一面，而他通過這一面

也可以到達解脫證悟。之後，他就會用他自己得力善巧的法門來接引眾生。例如：臨濟的棒喝為什麼這麼嚴格，甚至產生這般大的震撼力？如果你知道他得道的因緣，便一點都不會覺得驚訝。媳婦熬久變成婆時，就換他用這一套來對待人，當然，這是屬於比較幽默一點的說法。

又例如曹洞宗的典籍，有時比佛陀講的經典還要囉嗦。禪法的用功修行，六祖告訴我們是直了，可是曹洞的祖師卻弄出君臣五位[4]，複雜到最後不知道如何入手。為什麼有這樣的特色？這都與他們自已悟道的因緣有關，所以我會就這方面稍做說明，但是，說明不是要你們去貪執，是因為我們每個人的根基或許與某個法門相應，一旦相應某個法門，你一頭栽入就對了，不必管別人說哪個法門最好。

為何我一直都帶話頭？因為我是從這裡相應契入，對我來說，這法門我用起來比較有把握、得心應手。為何我沒選擇默照？那是因為我半身不遂以後，腿簡直像木板一樣無法彎曲，所以打坐對我來說是件苦惱的事，我沒辦法長期禪坐用功。但話頭完全是在

4 立五位君臣以為宗要。五位者，正中偏、偏中正、正中來、偏中至、兼中到。君為正位，臣為偏位。正位即空界，偏位即色界。

思維下功夫，並非去找答案，它是起疑的方式，所以對我來講就很容易相應。

學默照者，定要對經教義理有很透徹的了解。例如：我們原來的自性是什麼樣的現象？自己在行住坐臥之中，時時能在內心保持一種安寧，隨時從智慧上觀照，不離清淨心，所以清淨心叫「默」。不是呆呆坐著叫默，或者什麼話都不講叫默。「默」是指無法用語言去形容描述，也沒辦法用心去領會，無言、無相、無名的東西。而你事先要有所了解、體悟，「照」才能用得上手。

如果要比喻默照與話頭的特色，「話頭」的特色是使我們在禪修過程的人（即還未見性之人），藉著話頭起疑情後，在大德棒喝逼拶之下，頓斷自己的攀緣心識，在一剎那間相應清淨心。不管我們身心是不是已經進入到寧靜現象，或有沒有具足對佛法的體認等都沒關係，因為在那一棒一喝之中，會頓斷你攀緣的分別心，當下體悟所謂的清淨覺照又不起二念，這是話頭很重要的一個特色。

至於「默照」，你必須知道實相的本體是什麼，常常不離清淨心，時時起智慧的觀照。其特色是在悟道、見道以後的保任功夫。它指導還未入門的人，在修行過程中，如何把自己的身心照顧好、怎麼去用功修行。用功修行時，不要掉落到有所得裡面，所以它要我們「回互」；真正的大道是如此，但不要死在那裡，要回轉過來。

如果你沒有悟後的保任功夫，功夫很快就會退卻，所以保任功夫顯得很重要。但如果你只用這些方式，卻沒有真實體悟，本來直接了當的修行就會變成很繁瑣。但事實上你見道以後，在日常生活中如何把見到的清淨心，在事相生活中保任、歷練，這便是法門很重要的教導。法真的沒有高下，只看我們能不能跟它相應。最好是一門深入，但全部都要懂，不是做學術的懂，而是至少知道它們的特色。

## 你知道自己與佛陀的共同本質是什麼嗎？

### 我與諸佛無別，認定一切眾生皆具有如來清淨的本性：佛性

在禪修裡，如祖師禪，首先要有「肯心」——認定一切眾生皆具有如來清淨的本性。否則就沒辦法依祖師禪來用功。既然祖師禪的先決條件是肯心，認定每個人有跟佛一樣的智慧德相，只是因為妄想、執著、分別產生以後，身心不能自在，便不能再回到原來自己清淨的本體上，於是被境所轉，因而生死流轉。不管凡夫的識心造多少業，要歷經

多少劫數，這個心永遠與佛無二無別，種種功能德相、智慧妙用，也與佛無二無別。這是佛在《華嚴經》裡，從全然的證悟中所流露出的話語，「如來以無障礙清淨智眼，普觀法界一切眾生而作是言：『奇哉！奇哉！此諸眾生云何具有如來智慧，愚癡迷惑，不知不見？我當教以聖道，令其永離妄想執著，自於身中得見如來廣大智慧與佛無異。』」說明一切眾生都與佛無二無別。

達摩祖師到中國時，以《楞伽經》「藉教悟宗」，就是以《楞伽經》裡所講的一個思想：清淨的佛性與我們凡夫的識心是一體的。這個思想在講到《楞伽經》時，我會進一步分析。這樣的佛性無所不在，而且亙古常存，人人皆有，相似於印度教乃至其他宗教所謂的「神性」或「神我」，這個「我」就是有主宰性、唯一性、不變性、永恆性，所以稱為「我」。禪宗也一樣，除了認定跟佛無別，自己身心還要能夠做主，要有這樣的大氣魄，身心要真正落實。

禪宗看待描寫世尊降生的敘述：「世尊初生，一手指天、一手指地，周行七步，目顧四方云：『天上天下，唯我獨尊。』」雲門文偃禪師卻說：「我當時若見，一棒打殺餵狗子喫，貴圖天下太平。」如果我當時在場，一棒就把他打殺餵狗子吃。這是什麼意思？「天上天下，唯我獨尊」表示佛的出生，也代表人只要能見到自己清淨本體時，自己就是「天上天下，唯我獨尊」，世間或出世間，你就與佛無二無別，所以這是一種大肯定、大落實。

我剛講「我」的第一點是有主宰性，是我的就可以主宰，而且是唯一的。我既然稱「我」，你們還能不能稱「我」？從我的角度來講，你們還能稱「我」嗎？如果從你們的角度，你可以稱自己是，但如果從我果如的角度，你就不能再稱自己是我，所以「我」是有主宰性、唯一性。我們常認為「我」有一個生命，不只是延續，還認為是常存、不生滅的，這就是一種「神我」的思想。這種思想如果只是由外在給你，你不會產生什麼問題。但最大的問題是來自於，當你身心經過這樣用功修行，身心一切受用與體驗都真正相應到這裡時，如果仍然只掉在「神我」，就會變成外道；如果你著在此中神通妙用，那就變成魔，不再是佛。這一定要釐清。

在禪定裡，可以見到生命的永恆性、自在性、光明性、解脫性，甚至不生不滅的普遍常存，你都能感受到在一念不生不滅之下，身心的自在妙用。然而它只是一種禪定，還不是悟後的身心妙用。如果你想真正體會生命究竟實相與美好，一定要從禪修上去用功。這裡的禪修是四禪八定，或祖師禪，或從止觀，也就是從身心統一相來做起。如此，你就可感受到身心不像現在這樣渾渾噩噩，或常覺得苦不堪言，或一點都不可愛。

生命真正的沉潛，乃至於進化、提升，最後到達超越，在很多的宗教裡，包括儒家、道家，或最低層神教的信仰，都有可能發生。只要進入到身心的統一、寧靜，都可以感受到身心的永恆、自在、光明，這種現象一定會有，這就是宗教的神秘經驗。事實上，這種經驗一點都不稀奇，只要你用功修行就會產生。但很多宗教往往過度強調它的奇特神秘，認為它很了不起。生命的掌握與提升是來自於智慧的觀照，不是來自物相上面的變化或身心奇特的反應。我們中國禪宗認為一切只要經過智慧觀照，不要在相上執著分別，你才可活出真實生命、才會得到真正大自在。

那些奇特現象都是偶爾突發，包括禪定的經驗。如果經由外在的這些現象，而認定有神在身上，是神對我的恩惠，或自己與神同在，那都是生命在相上的進化與提升過程中的妄見，終究執著在妄相上。所以禪宗如果沒經過般若慧的觀照，只認定佛性的清淨、不生不滅，在我們每個人身上也都能同樣具足的話，那就違背佛陀所證悟的緣起觀。一旦離開緣起觀，所有一切修行都不叫正確修行，包括禪宗。不是祖師講錯，而是你們誤解。

所有禪宗祖師給我們的開導，看起來好像要我們認清或去究明真實的性體、真實的心是什麼？實則要自己去了解所謂的心。哪怕真心也是無形、無相、無名、無緣，如果你落在有個東西可追求可得，都是著相。心一起著，住著在上面，那個心就不叫清淨心了。這樣產生出來的身心覺受或感受、認知，都不是智慧。如果在禪修裡，自己的身心有這些反應與感受，很好！但是千萬不可執著，馬上要用緣起觀來作為修行過程中的指導、觀照，否則落在境界上，會產生很多問題。

不論是透過安那般那（數息的修法）或其他禪坐方法，慢慢從混亂的心到達集中統一的心，甚至一心、無心，這些過程，每一層體驗都給你帶來身心截然不同的覺受，很真實，誰都沒辦法給你的，只有自己才能知道。縱然經典教理上有描述，絕對跟自己禪修體驗出來的不一樣。當那份體驗很深時，很多人就以為這樣最殊勝，便住著在此境界，但這不是「參禪」。

## 參禪要具備什麼樣的條件呢？

參禪的首先條件，一定要有緣起慧的觀照，緣起慧在我們修行時，於任何時刻都要用般若（緣起慧），以真正的智慧去做身心的觀照，而這樣的觀照才不會落在身心的覺受相上面。能離開這些覺受相而不認定它是實有，也不否定它的因緣有，不住著在相上，就叫「無住生心」，是真正智慧的觀照。所以任何境界來臨時，在禪修過程都清楚，知道就好，如果有所停頓，馬上觀照為什麼自己會在這裡停頓。

我打坐時，身心有很多反應，以前不曉得，有過安定經驗後，身心特別輕安自在。但總是要出定，出定以後，等到下支香要禪坐時，回想起剛才經驗不錯，於是慢慢坐著，當感覺經驗快來時，產生了期待，結果經驗就不再出現了。若心有所住著，愈有所住著，境界就會扭曲，於是清淨、統一的心很難再生起。

雖然六祖描述佛性是自性本自清淨、本不生滅、本自具足、本無動搖、能生萬法，這些是我們在未開悟仍在修行時，必須深信的這幾句話。參祖師禪的先決條件是有信心，相信此法可讓我們得力。但這個信心不可建立在迷信、盲信上面，是要從無我慧的觀照來知道為什麼佛性本自具足、清淨、不生不滅？要知道諸法是緣起緣滅，一切法因緣生時，為假相的短暫存在；因緣滅時，小乘見到因緣滅，而有生滅現象出來；但是大乘告訴我們生滅現象當下就是實相，也就是《心經》所謂的「色即是空，空即是色」，緣起就是空。

我們清淨的自性為什麼清淨？因為是空的，無形相，沒有東西可污染它。本來無一物，何處惹塵埃？所以給佛性一個名稱叫「清淨心」，為什麼不來不去、不生不滅？世間所有的東西因為有相狀，才有生有滅、有來有去。舉例來說，現在下課我就不在這裡，但上課我就在這裡，是不是有來有去、有生有滅？因為有形有相，才有生滅。佛陀告訴我們因緣和合的當下是空寂的，沒有一個法永遠存在，在因緣和合的當下，說它存在。既然是空寂，所以就叫實相，但實相千萬不要把它當作是離開一切諸法以後，另有一個所謂清淨實相，這就不對。

現象生滅當下的本質就是不生滅，麥克風與毛巾這些是不是生滅的？離開這個生滅要去找另個生滅，不可能。般若的東西與真常唯心有點不太一樣，它一定是告訴你所謂本性的空寂或清淨畢竟空，而畢竟空的當下就是一切有，一切的當下其本質就是畢竟空。

很多人在打坐時都有過腿痛的經歷，如果當下腿痛時能反過來觀照，例如：我的腿為什麼會痛，別人為什麼不痛？一來是因為自己業障才會生病，這叫體冤進道，是報冤行（二入四行之一）。如果有報冤行，自己的心就會比較安定，不會只是怪腿痛。本來不能安忍於法，現在能安忍。安忍不是呆呆地去忍受，是要從佛法的道理上去消融自己。忍是有智慧的觀照，每個境界來臨時，自己承擔它並用智慧消融它、提升它，慢慢就相應了。

大家對於禪的修行，要以一種智慧、力行的態度，確實去碰觸到這些現象。因為生命所有的現象自己最清楚，也只有自己能解決。身心的問題只有自己觀照得最清楚。沒有智慧時，就只是隨著自己的妄心、識心流轉，那就很苦，就叫世間迷惑的人。當我們回過頭來已經不迷惑，知道怎麼修，也知道有正確的智慧，那就要真正力行。在禪法裡，體驗到身心有不同覺受時，不論好壞境界，禪宗告訴我們：「佛來佛斬，魔來魔斬」，一切境界都不要理會。

真正在禪修上得力，身心覺得很安定，會愈坐愈想坐下去，這叫「醉禪」，就是三味。當進入到這樣的現象時，覺得很安定、不想做別的事。生命實相是在生活中體驗出來的，是不離現象去證得。如果只是因禪坐而產生身心的一種空寂相，頂多達到一念不起而已，但是這不是真正在參禪。禪一定是時時刻刻用智慧觀照，在禪修過程中，應該用無我的智慧，或用種種法門去安忍身心所有的相，真正從安忍裡再進入到無生法忍。

修行的過程中，不容易在法上安忍。家師打禪七，引磬不敲，我動都不敢動，身體稍微一動，香板就打下來。上座盤腿，事先都要先給他審視，腿都已經盤上來才可以蓋毛巾。不能散盤，至少要單盤。每次只要有一點點動，就打下去。不管打在我或別人身上，都嚇死了，弄到最後不只腿痛、全身痛，連打引磬下座時，腳都不敢放、不敢按摩，甚至沒辦法走路，只好用爬的。每次我都求家師不要讓我進禪堂，但都沒辦法，這就是我的因緣很好，反倒是家師不知怎麼前生跟我結下這樣的惡緣，有這麼不肖的徒弟，讓家師傷透腦筋。

要安於法忍真的不簡單，我自認講經講得不錯，可是一進禪堂就破功，才知道那麼難，光是數息就數不好。有這樣的自覺後，漸漸不敢貢高我慢。以前心很浮不踏實，慢慢在法上相應後，逐步沉潛下來，見到生命種種的不同。要真正覺得生命可愛，便要經由這樣的修行去沉澱它的雜質，最後淨化、提升、超越，所有歷程都要自己經歷，別人無法取代你，要靠自己真正去用功。

剛剛提到禪宗修行中可以得到很多妙處，其中就是會生起生命亙古常存的光明自在，產生一種叫自以為解脫的體驗，你會覺得自己好像解脫成佛或證到什麼果位，這是很大的問題。當有這類身心經驗時，如果有善知識在身旁，善知識會告訴你這只是落在某個現象。但如果沒有善知識，自己看到這樣境界時，要用無我的智慧去觀照，如果相應到「般若慧」時就不會掉在其中，無論行住坐臥，處處不離清淨心，也能夠起智慧的妙用。這時行也禪、坐也禪、臥也禪，處處都可以任用自在、隨處作主，這時才叫真正解脫、自性清淨禪的顯現，否則只是身心的反應。

首先要建立人人具足清淨本體的正見，個個不無，不生不滅，但不要落在有一個東西可得，也非斷滅空，只要放下所有一切攀緣分別，在方法上去用功，最後放下所有的分別知見，真正進入到無心，才叫做相應到真理。這一刻自然知道真實的清淨是什麼，否則一定會掉在認為有一個清淨的心性上。平常沒有修行，倒是不必害怕會落入神我，反而是到達身心比較上手，且最後得力時，遇到這個現象更是一定要釐清。

生命裡所謂的光明性、自在性、解脫性，絕對不只是文字的描述，是可以證得，但這個證得是落在身心禪定上的如幻假相。出定以後，這些現象都不會有，惟存身心的一種安寧。如果你又見到空中有神佛，那只是暫時的因緣現象，但若常常這樣就是「入魔」。證悟者身心光明統一，其心態是超越身心現象的自在與光明，沒有相可得。

如果在禪定可以見到這些禪相，從相上來入的話，身心特別容易安住，從法上容易安住，也能得到一些感應。而感應身心的淨化、提升，會讓你對法的信心更強，內觀、密宗、瑜伽的修法也是如此。祖師禪卻非如此，祖師禪是「以無門為法門」，且以見性為主，不論禪定解脫，是直了成佛。

剛才講到「神我」跟「佛性」的分界點，就是佛性所謂的清淨自在、不生不滅，乃因為一切諸法的實相是空寂的，所以無形無相、無色無味、無可名狀，但不是斷滅、虛無。所謂的空寂是不離現象的假有，而現象的假有是其作用、相用，又相用的當下就是空寂本體，所以體、相、用謂之一體。一旦離開了現象，還要另找一個先天地而亙古獨存的道或自然，那就不對。所以道家的道、自然乃至於宋明理學的理，與佛教的道就不一樣，但禪宗經常會引用。

清淨佛性本體，有沒有亙古常存或先天地而存在？在現象之外有個真實的存在？沒有，是生命的當下、是現象的當下，就是清淨的佛性即空性，也就是煩惱的當下即是菩提。凡夫就是佛，就是從這裡而來，因為有同屬緣起空性的佛性本質。因為從體上來講都是一如，而從作用功能來說，佛是從性上起用卻不離清淨心，所以做出的一切行為作用就是實相，不著在相的妄用上。然而我們眾生分別與妄想的識心亦是真心，卻因掉落在分別裡，所以無法觀照它的實體是什麼，而只是把幻相當作實有，最後就隨相起分別，生起種種貪染，流轉生死。

因為很多人容易陷到神我裡，所以提醒大家不可離開佛所開示的緣起法，其開展到最後就是一切諸法當下空寂，而空寂的當下又顯現種種現象妙有，故一念三千、一念萬年，《華嚴經》也提到，一法就是重重無盡的法，一微塵中就可以剖出大千世界的經卷，而《楞嚴經》裡也有「於一毛端現寶王剎，坐微塵裡轉大法輪」。這些思想都是建立在諸法實相上，這裡的實相不是指空寂的實相，而是「色不異空，空不異色」的五蘊皆空，空的當下就是五蘊的假有，你能真正明白就叫「觀自在」。

大家如果要體驗到佛法真正的哲理，不只是從經典領略，要經由禪修上去體驗。以前跟隨家師禪修幾個七，當身心真正進入到無我時，身心的自在、光明、統一等所有現象都知道，方知心為什麼叫光明，它是有相可得。心如何輕安自在，那不是用筆墨形容的，而是真的如此。在禪定裡如此，甚至出了禪定，你眼見一切皆是善、皆是美，這都不假，只是你身心真實受用，很清楚一些相可得。但如果你一住著就錯了，這時經教的研讀就幫上忙，深知這些體驗可匯歸為實相的一種，須以般若觀照來用功。所以很快就可以不住著，又能了了知道這些相用與過程。這些禪定你都可以在用功時覺受到，大家不要以為祖師禪沒有這些過程，只是這些過程都是身心的反應，不要執著它。當下知道這些相的空寂，就叫「般若慧」，這就是真正在參禪，不能否定這些。

以家師來講，他雖教四禪八定，但初禪、二禪都不太願意給我們體驗，只要身心稍微清楚，他就叫我們用其他法門修行，最後才又給話頭的用功。家師早期都沒有跟我們清楚講解這些法門，但起碼在我身上得力很多。現在跟大家講這些不是要大家去了解這些理論，而是要大家清楚身心有這些過程，而不需要害怕。這些現象剛開始產生時我們都會驚慌，因為超乎平常，在禪定修行時，它會一一顯現。這些相，如智者大師告訴我們，參禪時會有過去以及未來的善惡根相產生，「善惡二事之中，必有其一，行者應當明識其相，取捨之間，不乖正道，故須分別」。大部分都是身心越執著越顯著，心慢慢安定以後，會有淨相產生。不管如何，你一執著就著魔。

## 二種最容易上手的禪修法門

家師早期教導安那般那數息法來用功修行，我現在也用這種方式來教導。數息法是安世高來到中國時所給予的教導，數息因為跟生命息息相關，呼吸支持生命的延續，所以很容易用。「數息法」在佛陀教導裡又稱為「二甘露門」，另一個是「不淨觀」，二法皆非佛首創，是印度教早期便有。例如與佛陀同時代的裸形外道，到現在他們依然用不淨觀，從苦行裡去斷自己一切所造惡業，若非真正大願力或大忍受力的人，很難這般修行。

那為什麼佛陀還用它呢？不淨觀的使用並不普及，通常用於出家人。因為生死的根本是欲愛，出了家並不代表你已經能夠遠離身心的煩惱，畢竟還是會受到無始以來的習氣牽引，使自己身心不能安定。有的弟子欲心過重不能安定時，要把自己的生殖器割掉，結果佛陀告訴他：「若斷陰不如斷心，心為功曹，若止功曹，從者都息；邪心不止，斷陰何益？」問題不在這外面，因為外面的有無並不代表心的安定與否。

只從外境著手不能解決問題，要從內心觀察不淨，但不淨觀也引發很大的問題，「諸比丘修不淨觀已，極厭患身，或以刀自殺，或服毒藥，或繩自絞、投巖自殺，或令餘比丘殺」，所以佛陀制定殺戒也是這樣的因緣。不淨觀修行有成者，會覺得自己的色身不再可愛，不去眷念，反而認定它是個累贅。因為他常在觀中得到身心的自在輕安，例如不淨觀的白骨觀，也就是修到最後白骨流光，行者會見到自己的身骨流洩出光，從光中會有化佛出現。

如果你們真的去修不淨觀、白骨觀時，這一點都不難，這些現象都會很容易產生。既然身心可以到達另一層次，更自在美好，對於現前的肉體，他就想捨棄，導致後來有出家眾甚至要求別人來殺自己，助他捨下臭皮囊，「有異比丘極生厭患，惡露不淨，至鹿林梵志子所，語鹿林梵志子言：『賢首！汝能殺我者，衣鉢屬汝。』」因為那時並沒有殺戒，最初佛陀說法的前二十年沒有制戒，因為出家人也都很清淨，所以也不需戒。這條「不殺戒」嚴格講起來，是因為僧侶雇人來殺自己，造成外界嘩然而制定的，相對而言，安那般那比較沒有這些問題。

《楞嚴經》裡，阿難發願：「將此身心奉塵剎，是則名為報佛恩。」要想「奉塵剎」可沒那麼簡單，但起碼，我希望你們將此身心奉修行，全部奉獻給修行，你才能夠報佛恩。我們修行首要的條件就是「感恩的心」，沒有感恩的心，其實道業很難成就。如果沒有先師，也就是聖嚴師父，他用盡一生的生命來教導、來成就法鼓山，開展這個法門，我們今天又如何能用功？倘若沒有我們的父母生了這個身體，沒有家庭各種其他因緣的助力，乃至於自己的發願、發心，以及大家共同的發願、發心，也不可能齊聚修行。

修學佛法的人時刻都要感受三寶的恩德、師長的恩德、一切眾生的恩德在你的心中流轉著，你的身心能有這樣的感恩，它自然就安定自在，不會得少為足，更不會苟且偷安、逃避責任。如此身心會有無限的力量，而真正的願心才能發起來，真正的力行才會實踐出來。

當禪修下座時，知道哪邊疼痛，直接去按摩它就好，不要心又再起其他種種的念頭，仍然要保持住自己數息時的專注。坐的時候當然比較容易念住，在行進之間可以用「攝息」，即保持呼吸的一種覺照、清楚；或者就是「隨息」，把心注意在那裡就好了。例如當你們在按摩時，手按到哪裡都很清楚，但不要著墨在身體的疼痛或其他方面，也不要讓其他的念頭再進來。如果念頭來了，不理它也不必除掉，單純放在「息」上面觀照，念念都能把息照顧好，那就是一種「默照」的功夫，其實也是「話頭禪」的一種功夫。

話頭禪不是只參一個「無」，它真正無到最後時，只是保持著心的清明覺照，沒有刻意在方法或者行持上面著手，非常自然，配合著身心呼吸的運轉，還有生活事務的進行。但這覺照之中有一個「疑」，並不強烈，只是你尚未清楚生命的實相、諸法究竟為何，因為有一個不清楚的東西，所以你還想真正去明白它，而非只是停在身心相的安寧、統一、自在、法喜、禪悅，或者沒有其他念頭的生生滅滅。因此不管是話頭還是默照，我們都是要以清楚的覺照為前題。在生活的當下、在事務的進行之中，以不離清淨心的智慧，去做種種的妙用，這就叫做「照」。

那麼「話頭」呢？話頭就是諸佛真正的本源、真正的實相，也就是真心、實心，就叫「話頭」。參話頭的「參」，是自己跟生命的究竟實相融成一體，那時才叫真正的參話頭。現前當下這個有生有死的生命，與不生不死的生命，清清楚楚地運轉在一起；在生死之中不被生死所礙，在清楚明白的當下，又不住在此清明之境中，進而能夠隨時於生活中取智慧的妙用；且用後，又不再執著有這個智慧的妙用。禪的修行前提都是「覺知」。覺知有清淨的本體，不生不滅，而且不生不滅的本體，即生活現象的當下，如如自在，所以妙用環生，並不是只有死寂寂的。如果這些都清楚地了知再去用功，就叫做「參禪」。

## 如何才能看見改變與美好？

佛法真正的重心，乃是修真正的妙道。你還沒到達那個地步，沒有關係，只要你依著方法實行，將來一定就可以得成。因此不要對自己沒信心，但信心來自於生命的實踐，這樣才會產生真正的大信心，否則只是透過聞知而生的相信，永遠是非常淺薄的。

自古禪宗祖師教誡大家時，通常不是慈言愛語，往往用盡各種手段，只是為了成就大家。我一直很感恩家師，家師給我真正的力量，亦是來自於他的打罵。雖然我常聽家師講經，也常被家師糾正念叨，但是這些受用不大。真正在禪堂裡面，讓人死去活來，這時才感受到家師真正的恩德。

此生有多少時間可以讓我們真正用功？「今生不了道，披毛戴角還」、「今生不向此身度，更待何時度此身」，生命的無常可怕嗎？悟了就不可怕，不悟的時候，三更半夜你都會跳起來。尤其像我這樣一直病痛纏身，以前三更半夜我都會起來叫，不是怕死，而是怕「不知道」，不知道死後到底是什麼？那種無知，身心很不安。真在佛法修行得力以後，處處都是安樂邦，處處都是真正的自在地。

人成佛就成，不管生命有什麼磨難痛苦，都會秉持這個信心一直往前走。我也希望諸位對佛法一定要有信心，不要遇到一些挫折就失去信心，就說佛菩薩沒有感應、不保佑你了，那都不對。我們要從生命的實踐中去體現佛法對你的真實價值，如此你才可以感受到生命沐浴在佛光裡、沐浴在師恩、在眾生恩、父母恩裡，否則你永遠都感受不出來。

# 第二章　安那般那數息法

## 想產生超越生命的力量嗎？

四禪八定的目的是為了讓我們身心能夠落實，確實從身心種種現狀裡清楚認知。如果沒有經過這般精進，無論是祖師禪或如來禪，皆將因欠缺身心體驗過程中的落實，而變成只是文字上的體認。文字的體認縱然給你很深的相應，可是它卻無法通過生命實際的考驗。

我記得讀佛光山東方佛學院時，淨空老法師常舉他的老師台大哲學系方東美教授為例，方教授曾向學生們說：「年邁時渾身病痛，醫學無法治癒，整個身心很痛苦。雖然我可以理解深奧的佛學，也可講得頭頭是道，於其中有所獲益，然而一旦生死病痛折磨，怎麼這些都用不上力了？」那時他方才發覺，若只把佛法當作學問研讀，或只在文字上理解，卻從未經過生命的實修與體驗，那麼這些認識頂多讓你不致產生顛倒、錯誤的邪知見。但要從般若慧裡開展出對身心真實的受用，尤其是如何在深受病痛折磨時，不被境轉、如如不動，這才是真正的實修。

這是方教授的心聲，我能體會，因為我後來也經歷很多病痛，深深覺得遍學諸法不如一句念佛；或禪坐下去，身心俱空，一切皆空。然而，空不是斷滅空，而是一種對身心不再執著眷戀，真正超越生命的力量，才會覺得這才是最真實的。

## 只要從一數到十？

四禪八定屬於世間定，而「數息法」是最簡單的入門，萬不可輕忽，只要你願意實踐上手，便能從中受用殊勝。當你的身心有真正的體驗後，再去學習其他法門，就不會落在相上的分別。你只要一門深入，體悟到諸法的究竟實相，啟發生命真實的般若慧，你便清楚一切法。爾後，你再去研習其他法門時，便會非常容易入手。

「數息」到底要如何用功？首先，把數字從一數到十數得清楚，覺照清楚，不要刻意祈求要獲得什麼境地。以前聽家師談數息，清楚數到最後，呼吸就會消失，而心會從散亂到統一。當時我一聽之下覺得神妙，一心希望數息數到沒有息，結果適得其反，想要無息，你就會掌控息的進出，反而弄得很不安，最後導致不能在法上真正用功，變成用自己心識的攀緣，對法生起很多見解；結果越數息越亂，這就不是善用數息法。

數息時，只要清楚覺照，無論身心變化是好是壞，只是清楚地數下去，只管打坐，只管數息，萬般清楚明白。有些人越數越專一，以致坐著就空掉了，息沒有了，那不叫數息，那僅是放鬆。這其實是利用呼吸來自我催眠，引發自己的心意識沒有任何活動，你以為這叫打坐，坐完以後覺得身心很自在，其實這是「無記」，也叫「冷水泡石頭」。

用功修行，只管打坐或數息，那個「只管」就是要你對一切都清楚知道。我現在是以此法門用功，而用功以後身心一定會變化，會有好壞的變化境界現起。我們只是知道它，然後不迎不拒，什麼叫「不迎不拒」？好的境起，希望它一直重覆，這叫「迎」；反之，不好的也不要抗拒。

曹洞宗說如明鏡照物，就是我們在用功數息時，當下的心如明鏡一樣：知道我在數息，也知道一切境界是什麼，但是不起心去著相分別，卻又仍然了了清楚，這是指方法上要如此。不起任何分別攀緣，不要有任何造作，放下一切的分別、造作、心思念頭，只是老實。

## 什麼是一心？

### 清楚覺照即是一心

「老實」就是本本份份，就如我剛才說，只管打坐或只管數息，且對於一切境界清楚明白。不管念佛，或是打坐，最後坐到身不知在哪，或感覺到沒有身心的存在（身心俱忘），充其量只是對身心的覺受而已。你非常清楚心裡的法，但一個念頭都沒有，如果沒有體驗到這般地步，該去體驗一下。打坐時不管用話頭、默照、念佛或其他法門，讓自己只是入定於一心之境。一心的狀況很容易得到，只要你認真體驗它，原來這叫一心。

「一心」不是沒有念頭，而是清楚地覺照。念頭不是沒有，是有的，但不是像以前那樣粗糙，只是在清明狀態，可是仍然不知什麼叫究竟實相，唯有到這種地步才可以去參禪。剛才所給的是屬於默照禪的功法，清楚的覺照、不迎不拒、不分別、不起種種造作，一切萬緣俱放下，這就是祖師禪的用功。

然後時時觀照，要起一個觀照的念，默照的「照」，要照到一切諸法的實相是空寂的，「以有空義故，一切法得成」，這是默照很重要的心法，就是即一切身心現象，乃至不管打坐、聽課，用默照對一切的現象清楚了知、明白覺察，但不隨境起任何分別。

## 默照，什麼是默？什麼是照？

### 心不隨境起種種分別，了了清楚觀照當下，

先講「默照」，時時刻刻覺察到諸法的究竟實相，也就是在清楚明照之下，心不攀緣一切境界，但是仍然要反觀諸法的實相究竟是什麼。現在不懂沒關係，心裡仍要知道這道理，否則身心只是落在四禪八定的一心狀況而已，其中不具般若慧。

真正默照之人，不只是眼觀鼻，鼻觀心而已。天童正覺禪師寫了很多書，也傳授很多佛法，甚至連他自己要何時往生都知曉。後事都先交辦大慧宗杲，然後預知時至，身心無有病痛，說走就走，何其灑脫，哪裡說默照就不會有這些殊勝瑞相？默照除了有智慧的妙用，還有身心在禪定真正的落實。知道默照如何用嗎？不要心只是注意在動作

上、打掃上，不要起心動念，不是要你不起心動念，而是教你要了了清楚當下你正在做什麼，同時心不隨境起種種分別，而是要起智慧觀照，觀照一切諸法當下空寂。

雖然空寂而有種種相狀作用的差別，在有相狀作用差別時，你於當下情境之中，善用智慧去表現這個相，直至最究竟圓滿。祖師禪一定不離行住坐臥，全部都是身心的安定，生命活躍的一種妙用。我們的身心在境物之中保持一顆寧靜的心，也就是內見自性不動，外對一切的境物能清楚了知而又不貪著，這才是祖師禪的特色，在用功期間，時時刻刻都要用上心觀照，才叫真正的默照。

例如經行時，當聽到說「注意腳下」時，是要你清楚地覺照，而不要死在那兒。有人走一走就停下了，不是懶惰不走，而是他入「定」了，因為他的心進入到寧靜之中，但也代表他對自己的心尚未真正掌握到空寂、妙用的一面。如果他掌握住了，他可能第一次會有此現象產生；到了第二次時，便用智慧觀照，一發覺自己腳步變慢時，身心準備進入到純定時，他馬上一轉呼吸觀照就脫離了，不會掉入定中。

# 「什麼是無？」就是話頭了嗎？

## 在呼吸中追究生命的大哉問

從呼吸裡如何用話頭來用功？千萬不要以為話頭就是「什麼是無」，真正的疑，是來自對生命的大哉問。祖師告訴我們一切本來清淨，且人人俱足，但為什麼我沒有？「為什麼我沒有」不是否定我沒有，或我沒有產生信心，而是為什麼我掌握不住？怎麼感覺不到？這才是真正的疑了。

雖然疑，但仍然隨時隨地要保持身心覺照的清楚，先決條件一定是了了清楚，於行住坐臥之間都要知道一切諸法，吃飯也是諸法的表現；看到一件物事，在心跟境對答時，就叫做佛事，就叫修行。我們參話頭就是知道心原來是空寂的，但是為什麼展現不出它？因為沒有智慧的妙用。所以在心很寧靜時，要自己去追問：「究竟它是什麼」？叩問「究竟它是什麼」的時候，與四禪八定的一心不同，也跟話頭不同。默照只是清楚原來諸法如此，只要知道就好，不必去疑它。「默照」是不要去疑它，但是「話頭」就要去疑它：如果有，為什麼我現在體會不出來？兩者差別在這裡。

一切諸法實相本來空寂，但空寂又有一切妙相。知道了以後不要想什麼時候會變空寂？什麼時候會產生妙用？那就多餘了。又例如吃飯，飯只要一口一口吃下去，甭去問第幾口才會吃飽。這本就不需要去問，因為你只要知道肚子餓了，飯繼續吃下去就會飽。至於要吃到第幾口才會飽，或吃飯能不能飽，這都是多餘的。這就叫默照的用。

## 你找到答案了嗎？

### 棒喝之下見真心

話頭，直了成佛，不需想太多，但它跟默照的差別在哪？默照只是專心一意下去。而話頭是反思：既然我本有這些，為什麼現在沒有？到底它是什麼？如何得到？就只是疑。如果是這樣，為什麼我得不到？如果本來俱足，為什麼我發覺自己不俱足？如果本無煩惱，為什麼我現在有很多煩惱？如果我有清淨佛性，我怎看不出自己有清淨？這只是疑，不是教你起心動念去追逐。如果你們對祖師禪沒有信心，不管你用默照或話頭都沒有用，因為信心來自佛成正覺的那一刻所證：「一切眾生皆具如來德相」。

就起一個比較叛逆性的疑：「如果本有，那我現在為什麼沒有？」它只是藉著疑來斷自己的妄想分別。所謂我們不能見到真心，乃是因為妄心常分別起伏，所以就不能直接體證。話頭就是藉著「疑」，讓你去斷一切的疑，逼得其他念頭都不起，就只是問為什麼會這樣？在問得死去活來的關鍵時刻，剛好祖師或善知識啪一聲，打得你魂飛魄散，剎那你就見到原來是如此。

所以話頭的特色就是藉著逼拶的功夫，把你逼到最後山窮水盡疑無路時，還要推你一把。例如，你本來就在懸崖上，一線之間讓你能保住生命，可是禪宗就要你死絕，死後才甦醒過來。絕處重生下，認清也深信自己具有如來智慧德相，一切本來清淨、無相、無名、無所得、無所求。

既然已經知道它，就直證，不需造作任何修行，便如實觀照下去。在時時刻刻行住坐臥之間常保此心、常這樣觀照，就是默照的三昧。真實用功的方式，是當一切境界來時，就像鏡子不迎不拒，但是了了清楚，所以它不在心上起任何作用，反而是用直心的顯現，而話頭是利用妄心去體證清淨心。

## 入流亡所就是究竟實相了嗎？

### 還只是一念清明的淨相，不是究竟實相

在很多法門修行裡，如《楞嚴經》，告訴我們要知道「捨識用根」。「識」就是我們的分別，例如眼根[5]有見的作用，但眼識有分別的作用，眼識可分別了知，但不會執取。不過到了第七識以後，或經過第六識執取越多，再與第七識的染污合在一起，因為第七識妄想執著有個真實的我，於是變成身心流轉，永遠輪迴不已。

前面的用功是知道我們的心常在動亂之中，因此觀察到心的動亂，很雜、很煩、很多痛苦，這樣的痛苦自己又常不能主宰改善，所以又隨境去轉，結果煩惱越生越多就苦不完。當你了解以後，便知道原來是因心起妄動，苦便隨之而來。為了對治妄動，一般禪修認為應該讓它不動，大部分人都卡在這裡，認為要讓動停止，就要用止的方式讓念都不起，讓百思都不起，很多人以為這樣功夫就很深。

---

5 視覺器官。

事實上，動靜二相如果沒有滅掉，永遠都是心在生滅，你就見不到真正的實相。實相的當下就是這些生滅相，如果你只見到一個相，認為這些相是不對的，執著於相，且認為不好的須去掉，好的要選，那你就永遠無法洞見實相，反而見相就迷相。

如果我們能夠真正知道心所謂的實相，是「動靜二相，了然不生」時，才能見到心的如如不動。當你動靜二相都能不起時，也代表心不去攀緣境界，也不去執取，這就是能、所都沒有，也叫「入流亡所」。你以為「入流亡所」就超境界了嗎？錯！「入流亡所」只不過是到達一心的狀況，只是身心對境不起，進入到心的統一、寧靜、清明之境，但這還是落入有一個心相可得。

簡單來說，如果我們還認定有一個真正的空寂，或身心的統一相可得的話，這時尚未圓滿。這時要捨離那一份覺，遣掉那個覺，進入到空，之後空又要再空，直至最後生滅不起。當所有一切「生滅滅已，寂滅現前」時，現下你就可知道「一者上合十方諸佛本妙覺心，與佛如來同一慈力；二者下合十方一切六道眾生，與諸眾生同一悲仰。」與法界聖凡、全部身心生命合成一體，這才叫真正生命的大圓滿。

要大圓滿、大成就，必須要經過那些現象的修行層次，故稱「種種方便」。從種種方便幻法來修，對治幻妄，以到達無幻，謂「知幻即離」。知道這是幻，用佛法其他法門來修行，然後離幻，到達幻幻俱除，「如是乃能永離諸幻」，所有的幻都除掉，而不幻的東西自然顯現，那時就叫「真心顯現」。

捫心自問：「為什麼來學佛？」我們所發之心是否清淨？實際上我們發的心都是掉在「妄」裡面。你們自問有沒有遠離剛才我講的動相、靜相、有所得、有所求的相。一旦這些相你都沒有了，方是真正的淨菩提心，才叫真正發菩提心的清淨因。《楞嚴經》都已經跟我們講清楚，禪法的修行，包含默照與話頭，皆不離清淨心，要你清楚知道這些覺照，不要掉到相中而取相分別。要知道相本身是空寂、清淨、圓滿，這就叫依自己的清淨本因、如來淨圓覺的因來發心，否則我們修任何法門都會掉到生滅裡。

祖師禪只是化經典的義理變成生命、生活上的實修，是將經典義理匯入到生命的一種體悟，然後去實踐，這即是話頭與默照之所以為「祖師禪」功法的原因。如果沒有掌握祖師禪的特色，如果沒有依淨圓覺心來用功的話，就會掉落在種種法門。雖然也能得力，因為它是依種種教理來對治身心，當然也能得到最後的清淨與解脫，但是就會跟大乘法門、祖師禪不一樣。

## 有身心反應怎麼辦？

### 慢調數呼吸，不要控制呼吸

修安那般那數息觀時，身心會有哪些反應現象？很多人因為數息方法不當，變成控制呼吸，導致諸多不舒服。當你覺得胸悶、氣悶時，都是在方法上呼吸沒有控制好，只要稍加用功，自己會慢慢調到很自然。

剛開始數息，過程中，身體會發生一些現象，如胸悶之類的，不必太在意，只要自己不是刻意的，過一段時間身體自然就會調好。像我剛開始練習時，深怕數字漏掉，於是每吐出一口氣時，即使嘴巴沒唸出聲，但心裡一定知道默念「一」。這樣的呼吸雖然注意在數字上，看起來好像沒有刻意要掌控呼吸，但事實上呼吸已被你掌控，造成它原來的節奏和現在想要掌控數字的節奏不一致，導致胸口很痛，好像要吐血般。於是趕緊去問家師，家師便說：「我又沒教你這樣，只教你們數息，你們卻為了怕數字失掉而自己發明。」這就很難相應。

在數息時，如果身心較痛苦、不自在，就慢慢去調，這是沒什麼問題的，最主要是藉著呼吸的方法來了解身心變化的過程。在過程中，你清楚覺察以後，來對治身心不安等種種現象，到達身心安定。這個法繼續用功以後，將得到身心真實智慧的受用，這就是屬於小乘禪或其他禪法的修行，叫聞思修，或解行並重，或有證悟的相應。以我自己的體驗為例，我最先打坐用數息，當數得愈煩愈苦時，心裡就去演電影，演到最後演不下去，只好面對它。這個方法不用還好，愈用愈苦，氣很躁，腿很痛，感覺比身陷地獄還苦。

那時苦到讓我很想衝去外面不再進來。可是不敢，只好繼續熬，正視這像地獄般的苦，及如何出離這個苦。面對自己生命現象時，不要逃避。通常我們遇到生命裡的諸多現象，往往就用逃避、或不予理會來處理，那都非究竟。只有面對自己生命產生的苦相、實相，清楚了知此是苦，這就是四聖諦的用功。

為什麼四禪八定，乃至呼吸法可以與我們生命解脫相應？很多人都沒有應用於此，於是數呼吸就僅是數呼吸而已，當然難以成就。佛經記載得清楚明白，只是我們懶惰沒去細讀，所以你在禪定的修行上若沒有達到定境時，連欲界定都沒有到達，就會在三界六道裡生死輪迴。我們都把生死輪迴當作死後才輪迴，但其實三界六道，就是一心當下的現象，如果不去了解它，你永遠錯失自我解脫與自我得度的機緣。

若你連「我相」都沒去了解，那要怎麼降伏？在禪坐時，你把「我相」清楚了解，生命、身心的苦，那就會知道這些苦該怎麼了脫。不要只是口說而已，那都沒有用！所以人家問趙州和尚：「生死那麼急迫，要怎麼修？」他說：「尿是小事，須是老僧自去始得。」我老和尚活到一把年紀了，尿尿是件小事，但還是得我自己去做。求法者是問生死急迫，但老和尚卻把它巧妙地轉到內急這件事，即使尿尿這件小事，也得自己去解決才可以。所以生死的問題不要來問我，只有你自己面對它、接受它、處理它，最後才能究竟的放下它，除此之外，別無他法。

因此，在修數息觀時，面對生命的現象要如何去認清、覺照它，在此產生智慧的妙用，方是真正的修行。

# 第三章　當個苦中能作樂的自在人

## 禪修，讓我豁達面對境界

安那般那的修行，如何以次第禪法的體認，讓身心能在真實的法上得力。上述的「三界六道」，並非是死後的轉世投胎，大部分是指修行人在禪修時，面對自己身心的現象之後，所領會體現出來的。例如《壇經》裡說：「慈悲，即是觀音；喜捨，名為勢至。」[6]這些都代表著禪修對於生命所展現出的不同面相。至於如何依據佛陀的教法，使生命的苦樂相，最後到達平等、變成解脫自在的相，這就是佛陀一生對我們的教誡。我們要想得到佛法如實的受用，你的生命要有這些經歷與體驗，才會感受到法的真實性，及讓你真正受益的價值。

以前講經說法也講得頭頭是道，但實際面對各種苦能跟誰訴？去向佛菩薩求訴弟子好苦嗎？沒有用的。只好面對著境界，想辦法超越，雖然苦得無法形容，但也因為歷境

6 〈決疑品第三〉：「大眾！……佛向性中作，莫向身外求。自性迷，即是眾生；自性覺，即是佛。慈悲，即是觀音；喜捨，名為勢至。能淨，即釋迦；平直，即彌陀。人我是須彌，邪心是海水，煩惱是波浪，毒害是惡龍，虛妄是鬼神，塵勞是魚鼈，貪瞋是地獄，愚癡是畜生。」

練心，即使後來遇到治療病痛，或生命種種打擊時，便比較能承當。我只要心被境轉而生起一點苦時，當下就想到禪堂那麼苦都熬過來了，相較這些都是小事，自己就不會去計較。這也造就自己後來四處弘法，無論是病痛折磨，乃至於人情冷暖的現象，我都能釋懷放下。

這樣的豁達，很重要的一點就是來自禪修。禪修使我的生命在歷經打擊的苦時，能有力量面對，反而覺得沒什麼。早期我初來乍到領眾時，還有人折我的香板。無妨，他折他的，我照講我的，不受影響，因為很自在。自然覺得這些就是境界而已，本來就有好有壞，你不要去攀緣它、分別它，心就不會那麼苦。

我小時候原本不想出家，但因為家境貧寒，爸爸又不照顧我。在我四歲時，媽媽只好帶我外出替人家煮飯，四處流浪謀生、歷經風霜。後來剃度出家，自己摸著良心自問資質不算太差，可是遇到如牛魔王一樣的師公，從來沒有一句好話或獎勵，且種種的生活考驗讓你死去活來，那時覺得很倒楣。

當時我是要隨家師出家，但那時他正在閉關，所以由師公代收。由於師父不知我的長相，便叫我寄照片給他。我雖尚未親見師父的廬山真面目，可是雜誌上曾刊載，所以大略知道是何樣貌。後來家師又說他剛出家不想收徒弟，希望改做師兄弟，我一聽好高興，直接升格。隨即師公又一記打回：「你知道我在佛教界的地位是什麼嗎？若在大陸，你這小和尚連當我徒孫都不夠格，現在給你當徒孫就要偷笑了。」後來才知道他老人家在佛教界的地位非常崇高。

即使如此，師公在生活上給我的血淚考驗，說也說不盡。我在求學讀書時，品學兼優，但師公一毛錢也不出，學費不資助，服裝自己製，連課本都要替他賣書抽成來換取。還有一次，我罹患肺結核，需要照 X 光診療，但師公卻說死不了而不予理會。所幸佛光山有個護理背景的同學來幫忙，院方也資助買藥，並讓一位同學協助治療，集眾人之力而使我大病痊癒。

當時每次學費我都是寫欠條，如果央求師公繳納學費，他就會回說：「你叫星雲法師先付清他的學費。」原來星雲法師以前在焦山佛學院，是師公座下的學生，師公就是憑這一點說：「他都沒付錢，為什麼我的徒孫去他那邊讀書就要付錢？先叫他繳清再說。」因此，每學期我都欠帳就學，欠到最後我師大畢業在那教書，每個月從我薪水裡扣錢，這一欠，長達十來年，讓我不禁佩服那氣度。

另外，我的一件長衫穿三年，因為洗了又洗都變透明了。我沒有一件冬天的保暖衣服，連件毛線衣都沒有，只有最厚的衛生衣，而且都要自費去買，師公也不資助。可想而知，畢業旅行肯定沒份，於是我便去圖書館當掌門人。總之，為了經濟問題，師公不知對我考驗了多少，但當時都沒體驗到這是佛法，在消我的業障，成長我的道業，滿心就只有怨。

若按照現在的法律來說，這是剝削童工，我十三歲進師門被操得半死，早上四點起來做到晚上，非但沒任何報酬，反過來還要付費給他。後來我住不慣準備逃跑，師公逮住我，就叫我先付清這幾年的食宿費，但我又付不了，只好又繼續當免費勞工，當時就覺得自己很命苦。

在禪修時生起自憐，但怎麼悲憐也沒用，逝者逝矣，未來還是苦。所以知道佛陀說要出苦，就在方法上好好用功。即使那時苦不堪言，頂多腿斷，何況當時我已經因罹患腦瘤而半身不遂，不太能動了。我想最後病死榻上，也乏人照顧，還不如死在修道時更好，反正臭皮囊一個。那時慚愧心起就是法門的對治，體冤進道。達摩祖師開示「二入四行」的第一行叫「報冤行」，原來所做的一切，都是自己忘本逐末，忘了自己的清淨佛性，原是如此奧妙，卻因追逐世間的假相，而造成生死流轉的苦，結果又一直造作，造成今天苦的果報出現。我們往下會再解釋達摩祖師的「二入四行」。

在禪修時我反省自己歷經的苦，覺得它像在地獄一般，也像畜生道一樣愚痴。經典說要捨身忘身，結果我一個身都捨不下，這不是也愚痴嗎？我常常覺得要效法古聖先賢的積極努力，結果歷經一個小小的鍛鍊就破功了，讓我深感慚愧。佛法那麼好，自己的身心就是用不上，連數息都數不好，覺得自己朽木不可雕。那時慚愧的感受，好比臨濟禪師去向黃檗禪師請示：「什麼是祖師西來意？」結果請示三次，被揍三次，最後灰心喪氣，跟首座睦州道明禪師告辭：是我業障太重，福德太薄而不堪教戒。於是離開黃檗禪師，到大愚禪師那邊參訪。7

7《景德傳燈錄》：鎮州臨濟義玄禪師，……初在黃檗，隨眾參侍，時堂中第一座，勉令問話，師乃問：「如何是祖師西來的的意？」黃檗便打。如是三問三遭打，遂告辭第一座云：「早承激勸問話，唯蒙和尚賜棒，所恨愚魯，且往諸方行腳去。」上座遂告黃檗云：「義玄雖是後生，卻甚奇特，來辭時，願和尚更垂提誘。」來日，師辭黃檗，黃檗指往大愚。師遂參大愚。愚問卌：「什麼處來？」卌：「黃檗來。」愚卌：「黃檗有何言教？」卌：「義玄親問西來的的意，蒙和尚便打；如是三問，三轉被打，不知過在什麼處？」愚卌：「黃檗恁麼老婆，為汝得徹困，猶覓過在。」

當時我也是這樣想，幸虧不知是宿世因緣還是什麼，雖然有這樣的想法，但是因緣卻讓我跑不了、躲不開。因為那時家師底下沒有人手，也只得在他身邊多少幫忙，結果慢慢就能用上佛法，好比之前所說六道的身心體驗。後來我師公去世時，家師要我寫一些話語感念他，但我說我不寫，因為如果我寫的話，肯定滿篇都是對師公的咒罵。當我說完了，家師看了我半晌後還點點頭，後來我也就沒有寫。

但到現在最感恩的就是師公，而且不是現在才知道，早在那時就知道了。原來這才是真正的「大作家」，不是寫作的作家，而是真正用禪法來導人出生死的作家。我是後來從家師的教誡裡，體會到家師對我的關心照顧，連帶影響本來認為是魔王的師公，竟也不是魔王了。最後感受到真正的心心相印，真是因緣不可思議。然而，在不思議裡要去掌握因緣，並不是隨境界浮沉，那是笨蛋才做的事。面對這些問題時要用佛法，用自

---

師於言下大悟云：「佛法也無多子。」愚乃搊師衣領云：「適來道我不會，而今又道無多子，是多少來，是多少來？」師向愚肋下打一拳，愚托開云：「汝師黃檗，非干我事。」師却返黃檗，黃檗問云：「汝回太速生。」師云：「只為老婆心切。」黃檗云：「遮大愚老漢，待見與打一頓。」師云：「說什麼待見，即今便打。」遂鼓黃檗一掌。黃檗哈哈大笑。

己的方法是沒辦法的。因為用自己的妄心，將永遠跟狂妄的東西相應，你以為最好的方式，到最後卻只是擴大自己的問題。

例如，小時候我覺得自己很叛逆，因為我認為一個法師，必須廣學多聞。但當我從佛光山畢業想繼續研讀，師公卻不讓我外出讀書，當時的我連高中文憑也沒有。在高二那年我即輟學，只因與師公合不來，就放棄學業轉去佛光山讀佛學院，所以也沒有真正的高中文憑。當時佛學院不像現在有研究所可繼續升學，一家畢業就家家畢業，沒有地方可以去，自己也不知如何是好。那時只想要去用功深造，台灣佛學院無法再上一層，只剩下去日本留學這條路，但留學需要很多錢，我又沒有錢，只好打消念頭，繼續留在台灣。

這時候師公更絕，他說：「小和尚你知道嗎？我連小學文憑都沒有，這句是什麼話你會不會聽，我老和尚到今天之所以有那麼大的成就，不是靠文憑。所以當和尚就在和尚本份去用功就好，不必文憑也不必去讀書。」師公非但不准我去讀書，還處處阻斷我的路，無論我到哪個地方去掛單，他就想辦法把我斷路，弄得我到最後不知如何是好，他就是用這樣來考驗。

那留在他身邊幫師公做事，他就高興嗎？不！師公的那一套，是要將所有徒弟都趕出去。他說：「我度你們出家，不是要留你們在我身邊做事，而是要你們到外面去歷練、去受苦，去發揮你自己，成就自己的天下。」師公這句話，事實上是充滿無限關懷，因為他知道對兒女（徒弟也像兒女一樣）真正的教育不是放在身邊照顧，而是要讓他們從風雨磨難中自己站立。

師公給我的苦多得不得了，再看家師的一些回憶，就會知道為什麼當我說師公是魔王時，家師會對我點頭，因為他也同樣受盡這樣的考驗。但這些苦有助益，尤其是在跟著家師打七後，自己經歷更多的苦，在在都能感受到佛法對於苦並非逃避，也不是不理它。就像家師講的「面對它、接受它、處理它、放下它」，佛法的修行就是如此。所以大家千萬不要害怕苦，面對苦不要逃避，而是承當，從體寬進道的承擔來消苦、滅苦，而後達觀。

一層一層修下來，都是我們在面對生命實相時，你用什麼方法去歷練與超越。超越後，你的生命將與智慧相應成一體，你便能以這一法相應其他諸法，包括次第禪法。通常一法掌握住以後，其他的法就容易相應。從禪宗的角度來講，一切諸法本來如如、空寂、不二。從這裡下手，當下你就超脫一切的罪、無罪乃至於所有身心的相，進而直接入到實相的妙諦裡，那當然就更不一樣了。

# 第四章　只要觀照呼吸就好了嗎？

## 光是呼吸，會產生什麼變化？

專心在數息上面，要清清楚楚的覺照，覺照在呼吸的進出上。藉著數字來慢慢減少我們的妄想雜念，使心越來越寧靜、越來越清明。要知道呼吸的進出，除了數字以外，還要清楚覺察到，當一口氣進入身體時，它是長還是短的呢？是冷還是熱呢？甚至於這一口氣遍滿全身時，身體的覺受是什麼？然後不要停在身體的覺受上面，要進一步去觀察，當你的心隨著這一口呼吸進出之時，它所產生的現象有哪些？都要清楚知道。

換言之，這一口氣在你的身體進出，不只是身體會有一些反應，包括我們的心也都會隨著這一口氣而產生很微細的自在。微細到似乎只有非常少的時候，而那時候，不只身體非常輕安，就連心也能夠一片寧靜，得到禪悅初步的自在。如果只停滯在這裡，那只是在生死六道上面得一點力而已，這不是我們佛法的用功。

在很仔細觀察呼吸進出的狀況下，它其實會產生一些變化，例如氣動。當我們的氣在丹田運轉時，慢慢地會有暖相出現，雖說這個暖相本來是空無的，但漸漸會感受到它有一個相出現，然後這個相慢慢變成一股暖氣、一種氣流，接著從你的丹田往上衝，經過氣海、胸圍，乃至喉嚨，一直到達我們的頭頂。當這些現象產生時，不要害怕，也不要因為這些現象產生後，身心非常輕安自在，進而貪著這樣的舒適。

如果數字沒有數清楚的人，要繼續用功。要用盡自己全部的力量，把這個話頭，也就是數息，把它老老實實用好。如果已經數息數得好的人，可以用「隨息」的方式，觀照呼吸在身體進出的一些現象，然後對這些現象都清楚，不管是好是壞。一切都明白以後，不要去執著，去觀照它是屬於無常、變滅，最後依舊會散掉。

當呼吸觀到最後非常細時，幾乎可以聽到自己脈博跳動的聲音，也可以感受到血液在全身流轉的聲音。你可以感受到非常微妙的一些身心覺受，但不要去貪執它，然而這些現象也不是每個人都有。只是我們在非常精進的時候，身心會有這些八觸的現象（動、癢、輕、重、冷、暖、澀、滑）。八觸的現象一產生以後，就進入初禪的境界，這時候身心會喜樂自在，覺觀非常自然而然地上手。不像現在進進退退，倘若一個數息數得不好，心就會常常被妄想帶著跑，不然就是昏沉。

要通過前面這些止觀非常困難，經典裡面告訴我們，要突破欲界定到達色界定，往往要費盡非常多身心力量。但大多數人就只停留在這裡，沒有繼續用功下去，結果好不容易生這個定，卻非常容易退。打坐若只是停在欲界的身心統一過程之中，耗費精神力量，是不能夠真正得力的。要奮起自己全部的力量，不要被自己的腿痛，或心不安，或昏沉所牽引，一定要提起真正精進的心，一心一意照顧下去。有這樣的心、能發這樣的大願，自然功夫與力量會產生。最怕的就是要死不活地打坐，自己一點都沒有那種力量，最後就只是變成很輕安，然後什麼都沒有，這樣子只會貪著在定裡，永遠都得不到力量。

一定要從數息這最基礎的禪法上好好去體驗，真正突破這個關卡。如果能夠有初禪的身心體驗，即使每次一上坐，剛開始會有一些散亂、昏沉；但當你一提起真正的方法用功時，很快就可以相應到色界初禪的身心安定、喜樂與一心的狀況。如果你又能夠從初禪進入到大乘止觀的用功修行，你馬上就可藉著這份身心暫時不分別的寧靜，從呼吸生滅的相，到達生滅不二的相。到達祖師禪的時候，即生滅的當下就是不生滅。所以你在坐的時候，便任運自在，不會著在坐相，也不會著在動相、立相上。無論何時何地均在身心安定的自在裡，而且無時無刻於此自在之中又有智慧的妙用。

## 怎麼上手隨息？

數息已經數得好的人，雖然尚未真正到達無心，但是已經沒有很粗的妄想雜念，數字也可以不斷，有時候甚至也不知道自己有沒有在數（不是因為打妄想而沒有），這時候可以用隨息的方式來用功。

「隨息」就是不管呼吸的進出，只是用一種非常自在、自然的方式觀照到它。只是知道呼吸這樣進出，然後覺察到這一口氣進來的時候是冷的，慢慢到哪裡的時候它是有一點溫暖，慢慢到哪裡的時候它又是什麼相，然後呼出來的時候可能是比較暖或細長。像這一些現象，都是屬於呼吸在我們身體的運轉。當你能夠觀照清楚這些相的時候，你對於這個法或身心的一些變化，才算清楚明白。

無論數息還是隨息，心都要清清楚楚的覺察。隨息對於呼吸的狀況，在身心的運轉產生什麼樣的問題、何種覺受，自己都要很清楚去認知、感受。自己的身心現象，每一分每一秒都會隨著呼吸不同，這些變化你都要觀察，但不要隨著它轉，就只是觀察到。

## 如何自然調柔身心？

修行，尤其是禪修，一定要先起作意。什麼是「作意」？就是提起自己全部的心意。身心依法用功的時候，起了什麼樣的變化？有哪些身心的反應？依法慢慢地修時，它又如何使得身心慢慢變得調柔？亦即從剛強、不安、混亂之中變成「調直」或「調柔」，這都是「定」的另外一種名稱。但怎麼調呢？就是老實在方法上去用功、觀照與照顧，自然久而久之就柔了、直了。

在原始佛教的時代，出家人常在水邊林下修行。但你以為在水邊林下很自在嗎？不知多少蚊子，或其他生物會來騷擾你，還有風雨對你肉體上的打擊。面對種種一切，如何用方法讓身心在蚊蟲或者風雨影響之下安住？這種考驗很真實。

唯有對佛法的修行能夠相應佛陀所教導的一切，才能夠斷除、消融，或者超越生命的一切現象，真實得到大自在，否則解脫永遠都只是一個虛無飄渺、連感覺都感覺不到的希望。如果只是這樣的學佛或者出家，那就太悲慘了。

## 作自己的主人，體驗禪悅歡喜

南陽慧忠國師有個侍者，有一天國師喊侍者的名字，但並沒有任何吩咐，於是他依然侍立在旁。過了一段時間，國師又喊，但國師喊過以後，仍繼續打坐，侍者看沒什麼事，又侍立在旁。第三次國師又同樣呼喚，侍者回話了，「如是三召三應」，這時候國師說：「將謂吾孤負汝，却是汝孤負吾。」為什麼三次叫喚、三次回答，是一個辜負呢？為什麼心中還有這麼多的謎團呢？還有這麼多的不安呢？如果沒有真正解決生死的痛苦煩惱，就一直輪迴生滅在其中，永遠不能真正到達解脫的彼岸。對自己要生起真正的憐憫，不要再做這樣的可憐人。

佛陀與祖師都沒有欺騙我們，人人都是自在、法法都是圓通，好好依循方法老實本份用功。千說萬說都沒有用，不管是慈悲的、或者打罵的，所有一切都只是要我們打從真心發出真實的力量，對心與境要有真實的觀照與體驗。昏沉的人要努力，而打妄想的人更是應該要把方法真正用上，自然就不會妄想。

只要時時刻刻掌握當下現前智慧的覺照，不管身心外境是什麼情形，自己都要用智慧去覺察，這是祖師禪的用功，不要落在身心的一些作為。如果有所作為，也只是一種方便，因為一般人的心容易散亂，不能掌握覺照的力量，所以我們用數息的方式來加強加深自己對於法的觀照。對於身心安定的掌握來說，它是一種修行的方便。當你念念能用智慧觀照，你的身心就能作主。

一個簡單的修行「數息」，斷煩惱、離昏沉，使我們念念清明，保持安寧，這是最基礎的功夫。時時起心觀照，不管大小乘的修行，乃至於祖師禪的用功都是如此。念念要覺照清楚，念念要不離方法，才是真正的善修行，否則叫盲修瞎練。能夠常常讓自己的身心繫在正念、佛陀的教法或祖師的開導上，使法能在身心當中運轉，令身心能調柔調直，變得安定；且在觀照中無得無取，直緣諸法的甚深實相，直觀下去就跟祖師禪相應。

歷代祖師是怎麼精進用功？佛在成道前仍需經歷六年的苦修，那種苦修不是只有身心物質的欠缺，而是奉獻出自己的生命，如此才能真正莊嚴成就真實的生命。諸位有沒有這樣的勇氣、擔當？要真正覺醒、從內心裡生大慚愧、起大精進，一定要成就自己的道業，要有這樣的大擔當，否則枉為人。

我們把禪悅當作是我們生命最美的一種享受，意即不要把心思掉在眼前的這些食物上，應該在佛法上努力，然後體驗禪定的自在喜樂，以它為師。佛法真好，需要好好體會並與之相應。真正的法喜充滿、禪悅為食，是要告訴你不離眼前的食物，於進食的當下，體驗生命的實相不離生活。智慧的覺醒並非離開了一切現象、生活種種，而是就在當下，我們要從諸法去體認佛法的究竟深義。

禪宗的修行，在當下種種的一切見聞覺知，乃至於搬柴運水，在生活種種的一切相之中，你能夠體會到實相的妙趣，也就是真正有般若智慧來直觀照見。如此，你的生命就能夠在現實生活之中，活出真正的喜樂與自在。

## 令人心生嚮往的禪悅

「檀越每送齋飯來，師（百丈懷海）纔揭開盤蓋，馬大師便拈起一片胡餅示眾云：『是甚麼？』每每如此。」馬祖每一次吃飯的時候，侍者都會幫他揭開蓋子，而他每次一定會拈起一枚胡餅。在吃飯的當下，若你能夠用般若智慧直觀諸法現象，你能回歸到實相的本體，屆時你就會歸到自己心性來體悟，而不被外在的一些現象所迷惑，如此你就是會修行，也就是會參禪。

例如拿到這個餅，或吃這口飯時，自己就要問：「這個莫非就是大道？」為什麼說道在屎尿、道在胡餅？道在哪裡？在搬柴運水裡面，但為什麼自己不能體悟呢？那到底是什麼？像這樣的心就是叫用話頭在用功。但不是叫你胡思亂想，而是要自己對境起觀照，而且起觀照不是在事相上一一分析，是直究我們的心性，從本自圓成、本自如如上面去匯歸或返照，這叫「迴光返照」，或叫「逆流」。

像這樣的用功都叫做參禪，自己確確實實的領悟。就好像吃飯，每一口嚼的都是真真實實，每一口的感受都是那麼真切。心不起分別妄想的時候，一切諸法就會顯出它的妙相。所以即便這個飯菜非常清淡，你也可以吃出雋永的美味，更勝天廚妙供。大家要從生活的當下，不離開身心的一切，不管是在任何時間，要把自己的身心照顧好。除了清清楚楚地觀照，還要用智慧真正地體驗它。

# 第五章　禪修的身心現象

## 什麼是氣動？

數息就是呼吸，身心會產生一些反應，呼吸看起來好像很簡單，但如果用對方法，久而久之，可使我們在修行時藉著觀照呼吸的無常變幻，從而得到解脫。此外，藉著呼吸，還可以幫助我們到達身心的初步安定，使我們的身體有很大的轉變。

若不善用吸呼，有些人會產生一些問題。除了氣要順，自己觀照的點也與呼吸有些關係：容易妄想昏沉的人，在數息或隨息時，最好能觀照到眉心或鼻尖，乃至於髮際（頭髮與額頭肉相交的頂點），這樣的繫心，可減緩昏沉的現象。因為注意點放在那，心、氣就會往上走，容易達到清明的狀況，不過這樣往往不易讓心定下來，心與氣往上揚，容易起躁、不安的現象。故經過一陣數息之後，要把注意點放在丹田，約臍下三寸之處，這個方式可讓心較能寧靜下來。

另外，當我們氣往下灌時，身體所產生的廢物，易跟著往下去。觀照力集中在下部時，它容易往下流散出去；同時，它又容易在「氣海」（肚臍下兩橫指處的穴道）處產生變化。當氣通過自己的身心時，會打通氣脈，慢慢地在氣海處暖和，接著感受到有一股氣從丹田往上走，通過喉、嘴，一直到上部的地方。氣的路線是從前面上來又往下面走，順暢時會持續循環。有時會從旁邊走，就像武術所說的「奇經八脈」，前面是正反，後面是從雙臂的地方往中間去。這些現象對於沒有打坐或沒有坐很久的人來說，是體驗不到的。

產生此現象時不要害怕。這種丹田的氣動現象發生之前，往往會有觸動現象，即八種動的現象產生，之後才感受到這股氣的灌通。而氣一灌通以後，身體種種痠痛不舒服，會在瞬間消失，手腳會覺得特別暖和，身體非常自在，心不會有任何散亂或者法門用不上的狀況，那時就能觀照得清清楚楚。

還未產生丹田之氣運轉以前，會有一些異常生理現象自發產生。拿我來說，有天家師開示完，回去打坐時，突然間無來由地心臟跳得特別快，快到要跳出心口。自己當時有點害怕，因為完全掌控不住。前面聽過家師很多開示，肯定所有現象皆幻象，所以不去管它，正思惟自己乃是臭皮囊一具，何須擔心？因此，心便不再畏懼，只是很正常地看著它，最後突然好像爆炸般「碰」一聲。停了之後，發覺丹田的氣往上冒。

當時自己的狀況是半身不遂，左右兩邊的體溫常常不同，有時左邊會流汗，右邊不會；或左邊有知覺，右邊沒感覺。整個右半邊很遲鈍，該流汗時不流汗，卻在吃飯咀嚼東西時，鼻涕、眼淚就從右邊流出來，所以吃飯、喝水時，常覺得很不舒服，吃一頓飯下來，草紙要擤一堆。其實那是當時很正常的身體現象，因為半身不遂，右邊顏面神經麻痺，所以只要咀嚼吞嚥就會帶動淚腺，於是鼻涕眼淚就會流出來。

之前打坐的腿是放不下來的，於是家師常常走到我旁邊，用腳幫我踩一踩，我也用手壓一壓，但都沒有用，它照樣翹那麼高，根本無法雙盤，連單盤都很難，頂多只能勉強散盤，但仍很痛。在氣動現象未發生之前，打坐對我來說是件可怕的事。氣動現象產生以後的第一支香，竟然可以坐超過四十五分鐘都不動，直到睡覺時，我也都沒動。以前是咬牙切齒的忍受，總是盼望著家師引磬響，偏偏家師的引磬又不響。

氣動現象產生後，身體的柔軟度都活過來了，最難得的是以前心刻意在法上用功，卻很難不掉失方法，總是一不小心就跑掉了；現在則不必刻意用心，也無需用力，自然綿綿密密地延續下去，方法也不會掉失。生理與心理方面，當你用上方法時，就會改變。一改變時，身體原來的病痛，包括業障，都會慢慢消失了。

## 會氣動，怎麼辦？

人到最後都是要死，這個臭皮囊還能貪愛多久？所以禪修中不論發生什麼事都不要理它，不理它就是最好的處理。你越理它，問題衍生越多。這一關我自己之所以能稍微突破，要感激家師。嘴巴講不理它容易，但境界來時還是會被嚇到。那時我感覺家師都在我身邊，雖然沒有把家師當作佛，但家師安定的力量、智慧，讓我對於什麼境界都不擔心。

除了自己對家師有信心，也基於我在學習佛法上具足一些正知見。所以當我在修行上遇到這些問題時，我對於身心反應沒有產生恐懼，只是觀照著它，不迎不拒，然後現象就自己消失了。現象怎麼來的，我也不知道，只是過程清楚，但最後它就消失了。消失後，一股氣就生起，氣本無形，但是到達身體以後的氣很玄。

平常對氣是難以覺察的，頂多覺察呼吸與血液配合在一起時，可以聽到自己脈膊的跳動聲；或晚上睡覺壓著耳朵時，可以聽到自己的心跳聲，那都是平常能感受到的。但打坐時，自己卻感受得到心跳、脈膊的跳動聲，甚至最後細到好像血液在自己身心裡運轉，都能感受出來。

當自己數息或隨息比較好的時候，家師又給「觀音」法門，用耳根去聽外在的聲音，但不分別；聽到最後，究竟外面聲音有沒聽到，自己都不曉得。更正確來說，是聽到聲音，卻不加以分辨了知，慢慢變成自己不去分別，也沒有追逐外面的聲音。那時，自己所有身心息全部都聽得到，然後不只聽得到自己呼吸在身心裡運轉的感覺，連別人的呼吸（不是打鼾聲），全部的聲音，都能感覺得到。

有些人不是經過真正用功，他稍微靜下來，就常常無來由的產生氣動，且越動越嚴重，手腳一直動，最後連臉皮都會動。如果是這樣的現象，就要教此人用觀想的方式，不要放縱自己的手腳繼續動下去。有些人會覺得這樣動，讓他的心很寧靜、身體很舒服、方法都用得上，但這個方法是不對的，不能放任他這樣用功。這是心沒有用到法上觀照自己的身心，以致於不能夠自己作主。反之，只是隨著身心、生理而動的現象，進而落入貪求殊勝的相，就很容易著魔。這樣就像乩童起駕一樣一直抖，雖然可以偽裝，但大部分不是裝的。這種情形就是讓自己的心空掉以後，任由自己生理現象來掌控，然而心無主，外邪就容易入身。千萬不可讓自己的身體常這樣，這樣的人會覺得自己好像越來越沒有存在感，到最後往往會精神失常。一旦自己作不了主，就隨時易被外邪入侵。

## 怎麼處理沒有情緒夾雜的氣動？

還有一種是屬於「氣動」，我有位師兄果煜法師，其氣動現象非常厲害。那時他還未出家，與我一起參加禪七，我同時擔任監香、主持號令。當時我覺得很奇怪，他坐得好好的，突然一下子人就往上跳，沒看到他有任何預備姿勢，就從原來座位上整個人跳起來，人就往後三百六十度又坐下來，好像沒有事情發生，硬是把我嚇一跳。或者我們在經行時，他突然像殭屍一樣倒下去又起來，不然就定在那，或者又繼續走，看得我眼花瞭亂，不知如何是好。

因為嚇到很多人，於是家師問他緣由，他說自己也不知道，就是一股氣按捺不住，當氣往下跑時人就往上彈。我最先以為他是裝神弄鬼，所以香板準備打下去，但後來覺得他不是裝的，如果是裝的，他臉上表情在現象發生過後就會不一樣，可是他一點都不受影響，坐下來後又照樣老神在在，如老僧入定一樣。後來才知道他氣動得很厲害，後來家師告訴他該如何處理。像這類人的體質，氣的運行是超乎常人的強，雖無大礙，但也要用方法克制，不然對身體不好。

除了氣動現象以外，很多人在打坐期間，尤其是在師父的逼拶、大聲棒喝下，就容易產生無法控制身心的狀況，有的人會大哭、大笑，或無來由地哭得死去活來，這些現象其實都是自己無意識下的自然反應，一次、兩次還可以，第三次時就要吃棒，自己要有智慧力去觀察，不可任由它漫無節制地情緒渲洩。有時人家說我根本沒有情緒在那裡面，縱然不是像平常對於境界的感受，例如被傷害、被罵那種情緒，可是現在講的情緒，是屬於沒有智慧觀照身心的表達現象。

如果是在禪修過程中的第一次，心進入到接近一心時，一時頓空，意識到一切頓空，豁然之間心有所感觸，但這個感觸並非對真正諸法實相的究竟了知，它只是進入到一心之後，在類似沒分別的狀況下，比較清淨的心體，所展現出來的作用。這樣的作用如果出現在第一次、第二次，那很好，修行人的宗教神秘經驗，往往都會在這時候顯現出來，從祈禱、靜坐或很多方式當中，都會有這種現象，就有些人說是「歇斯底里」的一種反應，但請不要這樣認為，因為對方不是神經病，只是一時的身心狀況，處於比較沒有意志力。

我們第六意識會循著第七意識，認為有個真我，會怕人家笑、怕人家看我們如何，或自己很會掩飾。進入到禪修時，第六意識也就是分別心，慢慢地放下，可是又沒緣到真心時，處於類似無心，但是又不是真正的無心，這時身心就會產生從內由然而顯現的現象，當這種現象產生時，大多數人控制不住，也不知道原因。從外表看，不知他到底在哭在笑？有時嚎啕大哭，哭到最後又哈哈大笑。你以為他受挫折所以大哭？沒有。他心平靜的很。有時我們拜懺也會感動掉淚，甚至大哭，跟那個不一樣，那是你緣法而修以後，身心產生出一種慚愧自省；可是禪修時這樣的哭、笑，本身往往不知道原因。

如果出現此現象，旁人、護七的人也不必去擔心他，就讓他哭個夠、笑個夠，哭、笑完以後他會很累，就讓他在旁邊稍做休息，經過這樣的身心反應以後，他的心志會比較集中，方法就用得上；用得上以後，較能夠跟無心相應；只要他把話頭再繼續拿起來參，當因緣時節來到，或在法師逼拶之下，便很容易體會到真心。可是不要常常進入這種狀態，若第二次還是控制不住，沒關係，但時間要縮短，自主能力要漸漸增加。自主能力不是去壓抑它，而是馬上心緣諸法實相，一切本來空寂，何來哭相？當下一緣，這個哭便很容易從境界裡停止。如果是第三次，覺得自己好像要哭了，鼻涕、眼淚慢慢流出來時，自己就要深呼吸，告訴自己：「哭什麼？誰在哭？」馬上自己要能做主。

## 氣觀丹田引發淫慾心，很煩惱嗎？

現在跟大家講比較嚴重的事，我們呼吸是繫在丹田，氣往那邊灌時，比較容易帶動起無始以來的淫欲，包括男女都會，尤其男性更顯現得嚴重。如果是發生這樣的現象，千萬不要在這上面繼續修練。不管它可以給你什麼，怎樣長久不洩，都不可以，注意力絕不可往丹田上去。如果引起這現象時，首先觀照一切諸法無我空寂，利用觀照，觀想這個氣往身體四肢流竄，一流竄時，這股現象就不會那麼強，如果還有的話，就用不淨觀、白骨觀，不要用數息。「不淨觀」就是觀照自己死了，看到一具屍體很臭，要一直深入去觀，觀察到自己眼睛好像看到屍體在眼前，鼻子都是屍臭味，這樣也能達到比較有效的對治。如果自己擔心有這樣的現象，最好在數呼吸時，氣不要往丹田上觀照，往鼻尖或眉心，就比較不會有這種情形發生。若有此現象，都是很正常的生理現象，不要刻意去操縱它。

另外，當我們在禪修時，不要先在心裡告訴自己希望得到什麼，尤其若是想貪得神通、健康長生或消業障的話，念頭愈強心相愈大，就愈容易著魔。大家參禪要無所得，這樣自己的心才不會產生種種欲。心中無欲不起種種分別貪著，當下才能跟諸法的究竟實相相應，真心是無念。無念，並不是沒有念頭、如同死人，是指念不起種種分別攀緣，相應到諸法實相本來空寂。禪修若能無所求，相應到心體的無念，相應到諸法的無相，相應到智慧的無住，就叫做生命的自在、解脫、圓滿。

## 任何時地都能上手的法門

祖師禪，達摩是「藉教悟宗」，即教理要通，但是不依教理的說法，只是應用這句話直接緣取生命實相。生命實相不是用身心的體驗或感覺來成就的，直緣諸法的究竟，沒有漸次，也沒有修證，直見心本來的淨、本來的無相，所以叫「直了成佛」，這是祖師禪的特色。

安那般那數息法是很重要的，只要能任何時刻應用在生活的每個層面，不必刻意數1、2、3、4，只是單純觀察並注意自己呼吸的進出，這樣跟別人互動時會不知所云嗎？不會，反而內心很寧靜，並且能夠時時刻刻觀照到自己身心的現象，不會隨著身心的喜怒哀樂而起伏，變成只是情緒上的語言。

大家千萬不要看輕安那般那數息法，一定要紮實用功，用上手時，時時刻刻心都安詳自在，不一定要盤腿。生活裡有佛法，哪怕是最基礎的，你的生命就有了光采。人生是彩色或黑白的，端賴自己用功，心裡沒有佛法，也不知用佛法，人生永遠只能是黑白、是非不斷。讓心真正地安住在修行裡，其他皆是多餘的。如果你數息數得好，禪法自然會出來，不用管它是祖師禪、如來禪或世間、出世間。

# 第六章　基礎禪修法門介紹

## 終見實相的最簡單法門

現在繼續講進一步的用功，前面的安那般那數息法是屬於世間上的用功，在佛法上來說，如果純粹只是利用呼吸來達到身心的統一、寧靜，甚至感受到物我一如，心不起任何意識變動，了不起只不過屬於第四禪的境界，或進入到四空定，還無法了脫生死。但是修行者幾乎都能得大受用，就是有它的殊勝處。

安世高大師傳來的數息法，重點是注意個人生命的真實體驗，可以依山林來修，不用到大眾裡去用功，可以離遠戰爭紛亂的地方，藉著這樣的修行用功達到安寧、生命的落實跟安定。可以不把自己置身在動亂裡而遺世獨立，類似「逃禪」的方式，為當時想要躲避戰爭或政治侵害，或想得到生命、身心安寧的人，提供很好的方法。

佛教具有清楚、簡易的修行次第，所得之成效又非常大，每個人在實踐的過程中都能達到，像當時的安世高、支道林，在禪法上均有很大的成就，他們身心所顯現出來，便不同於俗人渴望追求名利，從清高的梵行所顯現出來的人格，一看就令人欽佩感動，讓人家自然而然想親近。出家人清淨的梵行操守，主要來自修行的實踐，自然顯現出內在修行的豐厚，不單只有外在學問的積累。豐厚內在來自對生命的體認；談經論道，不只談生命的實踐、思想理念的超越，更能感受到人生至高的快樂。

從呼吸數息法來看，如何從世間禪、小乘直接邁入大乘的如來禪？說這些是希望大家了解佛法是要融通，不是比較。自己身心若不能安定時，就該用次第法，即從數息法下手，隨息去觀照它，到最後一步，真正地匯歸到心性上去了悟，一個層次都不能少。

## 從數息終見實相的六個次第──六妙門

### 數、隨

現在跟大家介紹「六妙門」，同樣屬於安那般那呼吸法的用功方式，不過它是進入到大乘的如來禪境界。基本的二種數息法為「數」和「隨」，例如數息數到數字很清明，沒有其他很深的雜念或妄念，不一定要數到數字都沒有了，或心完全清明了，才放下它。剛開始很混亂、很雜時，想用功參話頭也參不上，觀照也觀不起，這時可以先用數息法，數個一、兩分鐘覺得可以了，沒有很粗的雜念，馬上觀隨息，它的方便在於──息的進出時，不必用心在數字上去分別執著，只要觀照呼吸的進出，然後心繫在那裡，不必很強烈的繫。

前面的數息，是用於我們的法很粗、心識很粗、很強烈時，所以要對照得非常清楚，正邪、好壞、心跟法的對立很強，其實這就是不善用心；當我們到達隨息時，心跟法的對立就比較弱，心要提起來，知道就好，「息」也是知道它有進出就好，這樣子做，慢慢地，我們的心跟法最後就能融成一體，當下不知息有沒有進出，不知心有沒有在觀照，但不是無記的狀態，是最後心與法相融成一體時，說不出它是什麼，這樣的情形才是真正到達一心；到達一心時來參話頭，才能得力。

## 止、觀

一般的觀法，如出世間禪的止觀，就是觀一切諸法的因緣，成、住、壞、空的現象，有無常、有壞、有變的層面，這是使用呼吸法最終大家都要覺察到的現象，這方法就叫「觀」。用呼吸隨息的方式使得心能安定下來，之後不只是安定而已；如果只是安定，那就沒有觀的功夫，這樣永遠不能解脫生死。能從呼吸上去觀照它的壞滅、無常、苦空等現象，就進入到「觀慧」。觀慧若觀照成功，就能得知諸法緣起性空，一切究竟不住，便能從「我空」裡證得身心的自在，即證得諸法的涅槃，就像小乘裡的無學果位，其成就就是解脫。但從大乘的角度來看，仍然還是認知有一個法的可貴。例如數息法，最後是要觀察到諸法無常、空、無我、壞散這些真實道理，見到、證到這樣的道理，就叫證得果位。證得這個果位是真實不虛妄的，這就是屬於小乘法。

大乘在止觀方法上則不同，如前面論述小乘對於身心的現象對治，若一開始用繫心安住以後，它就只可以用「制心止」，意思是心有現象時，它就用什麼方法來安定。後面會講到五停心觀、四念處，自己常常打坐時，無來由覺得冒火、火大，這時就用五停心觀中的「慈悲觀」，用「慈」的方式讓煩躁的心能夠安止下來，這就叫「制心止」。用一個法來制，使得心不再掉落到煩惱、分別、動盪不安裡，這是使心安定的方式，屬於次第禪法。若能進一步直接觀照諸法因緣當下空寂，如小乘的觀我空，或觀次第十二因緣，這就是體會到法的實相，這叫「體真止」，體會一切諸法究竟實相。

究竟實相在佛法裡有──小乘所謂的真諦，大乘所謂空假不二的真，及祖師禪所謂的即空即假。上述這些都是屬於真諦的說法。體真止也包括自己所認知的佛法，如果是透過生滅無常的緣起因緣證入，是屬小乘法；若是從大乘法一切諸法本自空寂，雖是空寂並非斷滅，有其種種變化作用，從實相上入手，從般若下手，這樣體現的體真止跟小乘的體真止是不一樣的。

心要到達安定的止，有種種的方法，千萬不要認為只有一個呼吸就對，這當中除了觀照呼吸以外，身、心並非無知。有些人眼觀鼻、鼻觀心以後，就什麼都不知道了，成了木頭人。不動不代表安定，只是心的暫時不起分別，對境沒有了知，這不是增長智慧，是耳不聞、眼不見，這叫自欺。在數息或隨息時，要觀察得很清楚，對所有的境，不論外境、內境，要使自己的心能夠安住於一法上，這就是「繫心止」。心繫住以後，觀察心是否隨境界起種種煩惱，此時就要用「制心止」，制心止以後不要以為有個心可得，或有個成就可得，就執著在境界上，要去體證一切諸法的實相，直到知道一切諸法本來空寂，哪有什麼修與證？這就是祖師禪的「體真止」，與智者大師講的「止」是相同的。

禪宗是不必通過文字或次第的修行，當下直了，這就叫般若直觀、直接證無生，是禪宗的用功法。止觀行法上的「觀」，光一個空觀就有這些差別。至於你們該用什麼方式去用功？方法沒有所謂的高低好壞，只要自己的心在哪一個境界上，用哪個法能讓你首先達到身心的安住，又不單只以身心安住為目標，且能超越身心安住的相，真正進入無念無相，這法就是適合你的法，與次第或其他都沒關係。只要真正相應到最後的真心，當下就會知道為什麼本自圓成，沒有頓漸之別。

僧問雲門文偃禪師：「如何是釋迦身？」禪師回答：「乾屎橛。」祖師回答狗屎就是佛身。你會覺得怎麼會這樣？如果你悟這個假，每一個相都是不同的殊勝因緣所產生，從它不同殊勝因緣的唯一性、不可複製性，剎那當下就是永遠常住，我們可以說它是唯一永恆、不生不滅的，就那一剎那因緣和合當下來講，它無法有第二個因緣再複製，既然是這樣我們就說它是唯一的。每一個相，都有它的體性，它的體性也是緣起當下便是空寂，有它種種作用、功能，展現出不同的特色。

我能把麥克風拿來當茶杯用嗎？除非我是趙州和尚，「拈一莖草作丈六金身用，將丈六金身作一莖草用」，他可以把丈六金身當一根草來用，把一根草當丈六金身用，這是在「理」上破我們的執著，實際上，我用麥克風講話大家聽得更清楚，我能拿茶杯取代嗎？不能。「是法住法位，世間相常住」，各還其相，各得其所，各適其用，這就是智慧。並非學佛以後，都一樣、沒差別，這叫自欺欺人。

何謂不分別？就是平等、如如嗎？這都不是對佛法真正的了解，只是聽人家這樣講，心可能稍微了解到而已。這是拾人牙慧，沒有用的。要真正自己體悟，就知道為什麼要珍惜所有一法一物，就是當下不離自己清淨妙心。師父提倡環保，從外在的國土建設到內心的提升，這是同一樣東西，並非把它打成兩樣。對種種事物的尊重、不浪費、好好愛惜，這才叫真正的修行，才是真正不著相，是真正體悟大道。因為在事相的當下，就要悟一切諸法本來的相、本來的性、本來的種種作用，千萬不要不知道它的差別，然後混用，以為眼不見、心不分就是全部一樣，絕非如此。

很多人認為了生死，就是「我死後會如何？」有這樣的想法，那就要努力，生死跟菩提是不二的，你要去體驗：為什麼生死跟菩提是不二？哪裡有差別？以前我最怕死，因為從小多病，常常在病痛死亡之間纏鬥。因此當佛法告訴我不生不死時，我就想是不是佛陀騙我們或是文字遊戲？後來發覺：不是！祖師們的行儀，我無法親見，但我看到師父、看到其他好多老師，他們的身心莊嚴，讓我確信人是不需要離現在當下這一口氣，就可以得到生命的大圓滿、自在及解脫，是真實不虛妄的。

### 還、淨

智者大師的闡釋，讓我比較能夠受用的是「還」跟「淨」。「還」原本的解釋是：當你用前述的用功方式卻掉入到很散亂的狀態時，就用「止」；掉到空寂時，就用「觀」；或者心很亂時，就先「數息」；心不亂時，就「隨息」；隨息若漸漸沒力時，就用「數息」。總之，它的「還」是指數、隨、止、觀要看情形來選擇運用。我自己對「還」的體驗是用「相」，《楞嚴經》裡的「迴光反照」然後「逆流」，即這個相來返還到自己清淨的本體，也就是攝相歸心。這個「還」不是指真正的轉過頭來，是指當自己智慧起觀照時，不隨境去攀緣執著，當下又了了見清淨的本體是什麼時，這一念的用功努力，就叫逆流或迴光反照，就叫做「還」。

因此，「還」的功夫在生活裡的修行是非常重要。如果心很亂時，用數息、念佛或觀照方法「還」到心性上的安定。如果只著在心性的安定，這不是真正清淨的實相，清淨的實相是隨時要攝相歸心，隨時從眾多生滅裡去體認它的不生滅，要逆流而上，不要順生死流而染，一念迴光反照，當下就是真正真心智慧的顯現。

在修行功夫上的落實，隨時隨地觀照自己身心是否已離開清淨心、智慧有沒有起妙智觀照？如果不離清淨心或起妙智觀照，那就是照見五蘊皆空，就是觀自在了，那便不需要「還」。如果已經掉在凡夫位，自己也清楚在凡夫位，要馬上知道此時此刻的心，已隨著習氣愛染起分別，落在凡夫的境界，當下一念迴光返照，就照到自己清淨如如的本體，照到自己跟佛無二的自性，馬上從境的生滅分別進入不分別、不生滅的觀照，這叫「還」。這是一種「慧」的用功，跟《心經》「照見五蘊皆空」是一樣，也就是「默照」的「照」。

「默照」的「默」是要知道生命的本體是如如、清淨、自在，但你無法永遠不離它，也無法時時刻刻掌握它，所以常常要起「照」。這個「照」是依據佛法的修行，有次第地在功夫上去落實，因為有種種方便，所以叫無量法門。

《六妙門》的「淨」，諸法的本體是超越一切的身心及對待，這叫清淨，這個淨本來就是如此，不假修證，但是在「還」、「照」的功夫上就要多去用心下手。諸法的一切都是如如、自在解脫的，這麼好的佛法每個人皆有，「還」不是我給的，是你我本有的。常常要想：如何才能立地成佛？為什麼本有的一切，自己卻用不上？最主要不是解義理，是要掌握怎麼去修、怎麼去用功，這才是我講解修行法門的目的，諸位知道以後不只是知識上的了解，更要從生命去體驗落實它。

# 第七章　達摩祖師禪法

## 如何實證自己原來是佛？

先就達摩時代而言，不棄經典教義，禪宗最主要思想，直探佛陀無上正等正覺的本懷，所說的第一句話就是：「奇哉！奇哉！一切眾生皆具如來智慧德相。」這就是修祖師禪所需要依據跟建立的根本理念，非常重要！參禪要參明、要了生死，需要的也就只有這句。為什麼我們具足如來的智慧德相？若不曉得、不明白，就要把它變成自己身心真正曉得與真正體驗，「默照」就是把這句話真正地擺在心裡、絕不遺漏，從日常的事緣上隨時觀照。

佛陀在經典中所說的，要透過生命去實證。只有臨濟是當你參到這樣地步時，他不再用語言刺激你，直接用棒與喝，讓我們回觀自己，這與參禪不同，這是祖師禪。像曹洞宗，用人間的冷熱來比喻：冷熱來時，如何是好？這不是指天氣，而是以境相代表一切煩惱，包括聖凡的見解、好壞、染淨，一時俱來時，你如何對待？甚至於生與死一時俱來時，如何對待？

六祖曾訶責永嘉玄覺：「夫沙門者，具三千威儀、八萬細行。大德自何方而來，生大我慢？」你怎麼這麼無禮？來到長老面前也不作禮，起碼也要有小輩見長老的基礎禮儀。永嘉說：「生死事大，無常迅速。」生死無常，哪有時間作俗禮呢？六祖說：「何不體取無生，了無速乎？」那你何不去體證無生？一句就把永嘉玄覺打醒。永嘉回說：「體即無生，了本無速。」永嘉也知道無生哪有義？本來無生就沒有任何的東西。

有人問洞山良价禪師：「寒暑到來如何回避？」冷熱到來時，該如何躲避？洞山說：「何不向無寒暑處去？」躲到不冷不熱的地方去。弟子再問：「如何是無寒暑處？」什麼地方不冷、不熱？洞山回答：「寒時寒殺闍黎，熱時熱殺闍黎。」冷來的時候，把你冷死；熱來的時候，把你熱死，這就是不冷不熱的地方。不冷不熱，你以為夏天來了，開個冷氣，冬天來時，開暖氣的意境嗎？結果不是啊！冷時冷死，熱時熱死，徹底死了，就不冷不熱，這就是洞山的理論。

若真正瞭解禪法，就會知道自己妄念以為有個不冷不熱處，或者不生不滅的大道，想要追求則是門兒都沒有！為什麼沒有？因為你沒有真正把自己打死，無法真正放下所有的知見、妄念、種種分別、造作，哪能見到不生不死？所以，洞山雖然沒有用棒用喝，但他用一句話。你轉不過來、體會不過來，雖然眾生與佛一樣，具有智慧德相，可是你還是死在那裡，沒有參透。

所以參禪，並非默照以後就是空空的，心只是安住在那裡不起雜念、不起妄想，這是沒有智慧的觀照。默照也是要把如來的智慧德相，既然是空寂、無相、無所不在、種種妙用，面對在塵勞上所有的事相。你看到它的妙用嗎？你看到它的平等嗎？你覺察到它的不生不滅嗎？這都要從事緣上去真正體驗。

例如：有次溈山靈祐問弟子香嚴智閑道：「我聞汝在百丈先師處，問一答十，問十答百。此是汝聰明靈利，意解識想。」聽說你在百丈懷海禪師座下口若懸河，回答問題頭頭是道，如此聰明伶俐，但這些都是無始以來的業識，現在你把那些全丟掉，「生死根本，父母未生時，試道一句看。」只回答我這一句，父母未生前，那個是你？「香嚴被問，直得茫然。」結果一句話就把智閑問倒了。絞盡腦汁都答不出來，「屢乞師說破」，屢次懇求溈山答覆，溈山說：「我若說似汝，汝已後罵我去；我說底是我底，終不干汝事」，溈山終究沒有說破。

做弟子的回去找遍所有經書，仍無法尋得答案，「遂將平昔所看文字燒卻」，就把書全燒了，並說「此生不學佛法也，且作箇長行粥飯僧，免役心神」，很洩氣地想說還是做個每日吃粥飯的老實僧人罷了，什麼都不參、不寫了，「乃辭師，直過南陽，忠國師遺跡，遂憩止焉」，於是失望地離開師父，並到南陽忠國師的遺跡旁自耕自足。「一日芟除草木，偶拋瓦礫，擊竹作聲，忽然省悟」，有一天丟磚敲到竹，叩一聲，豁然開朗何謂「父母未生時」的本來面目。父母未生時的實相竟因磚石敲到竹子「叩」一聲而了悟，我們木魚都不知叩多少聲了，怎麼都還未見父母未生時的本來面目？

所以，光知理論是沒用的，禪宗在祖師禪時，就是要直緣自己清淨的本心是什麼，不是靠繞路來說明。到了默照、話頭，那都不是直緣了，已是繞了彎曲在學禪。

## 達摩禪法中的《楞伽經》地位

純禪的特色，在達摩禪的時代裡面，仍然是不廢棄經典教義，例如：達摩的教理現在流傳下來的，以「二入四行」為主，現在我們能夠看到的那些教導，比較有證據的就是「二入四行」。裡面的文句，大部分從經典裡面。例如：從《俱舍論》、《般若經》、《法華經》、《涅槃經》中都可以看到「二入四行」所引的經文。達摩禪有個特色，是以《楞伽經》來印心。因此從達摩到神秀時，大概都是以《楞伽經》為主，所以又有叫做「楞伽宗」的這個說法。

從達摩一直到六祖時代的禪宗，仍然是活用而非廢棄教典，那麼，一切的經教如何教導眾生？不是困在經句底下的經義，類似一句句解釋及說明。倘若如此，就會變成各宗各派在達摩時代所引的東西變成一樣了。在達摩時代，雖然也注重禪修，但是更注重理論怎麼說明與演繹，也就是把真正的修行與佛陀的教理、文字綁在一起，較沒有真實生命的自在，也沒有活潑的精神。因此，處處都是引經，以經論為主。

家師認為達摩禪的特色，仍然是藉教來悟宗，以經義中真實的精神來作為教化，故說它仍然是活潑地抓住佛的精神所在。其次，它仍然沿用佛教一般的術語來提攜全部佛法作為核心。大家後來都以為禪宗不立文字、教外別傳，用的東西非常少。佛教術語在達摩祖師時代，甚至六祖時代，當然都還有，但是，愈到後期幾乎連佛字都不談了。

大概會應用的，就是無位真人，證得自己的真心。應用自家寶藏就是智慧的妙用。連「智慧」、「成佛」這些詞幾乎不用，都只用一般日常生活的一些語句，來表達悟性裡面真實性的東西。修證的過程，也都不用佛教的這些教理，頂多只沿用「道」，「修行」有時候也不講。

證得自己原來的真心或真實的佛性，叫做「本地風光」，對不對？不然就稱「自家寶藏」。「自家寶藏」還有點《法華經》裡面的味道，而「本地風光」、「衣線下事」要自己去親證，當然也有《法華經》的意思，但是在衣服下面的這個東西是什麼，也就是說這個人是誰，自己要去搞清楚。因此幾乎不用佛教的術語，到了後期幾乎沒有，完全是應用日常之間的東西。還有如馬祖道一，拿起吃飯的蓋子或拂子就問：這個是什麼？就讓你們去體會這個東西就是清淨的本體，就是圓融自在的法界。他就問：這是什麼？連一個名稱都不給你。故說到了後期幾乎都沒有經典名相，但在達摩禪時，仍然說「藉教悟宗」，要用什麼體驗、要達到、要無所求，這些名稱在經典裡面都有。

因此那個時代一直到六祖幾乎也都在沿用著。越到後面的幾位大德，幾乎是把經教的東西已經放到最少，所使用的教誡，都是日常生活中我們都知道的。例如把修行當作是騎牛、牧牛，你這隻牛牧得怎麼樣？諸如此類。

我們如果把經典義理、教理背成說自己見性，一定要依循著這樣子去走，其實內心已經被這個知見與分別壓死了，活不出真正屬於自己的價值。我剛才跟你說的牛，可能對你來講會覺得很陌生，可是在禪宗的語錄裡面，常見牧牛及有關於牛的語錄。這是為什麼？因為當時出家人的生活與所做的一切，都是和這片大地息息相關，亦即生命的真實寫照。所以，對他們來講非常親切，亦即演繹出非常多的教理，不必在知識義理說明，而是生命實相的指導跟落實。

它有這樣的特色，但是也有它的弊病。弊病就是說這些生活上的現象，當悟道、明道的人，用最淺顯的字義表達的時候，大多數的人因為沒有透過生命的實證、沒有透過對諸法或佛教義理的了解，往往還是會落在眼前的說明，這還是落在相上，很難參悟。

## 生命歷練與禪法的關聯

為什麼從達摩一直到六祖，還有六祖之後修祖師禪、還沒有分宗時的這些大德生命這麼活躍？因為這些後來棄教修禪的人，很多本身在佛教教理有很豐厚的認知，已經所有經教義理都了然於心，也可以朗朗上口。唯一所缺的是什麼？如何跟真實的生命達成一體。欠缺了這點，因為沒有大災難及考驗來臨，身心常常在禪定裡面，發覺不出生命有什麼欠缺、煩惱，因此不知該如何真正對治。

隋代，就是達摩之後的時代，國家歷經了很多的變亂，當原來可能只是一心在義理，或者在參禪，眼觀鼻、鼻觀心的大德，當他們歷經了這樣的挫折、動亂時，他們發覺自己的生命能夠跟佛陀的教理融成一片，真正達到「將頭臨白刃，猶似斬春風」，對生死能夠如此無懼。從這點來看當時因生命受戰亂迫害而造成身心不安的廣大人群。

身心不安的大眾沒有很高的知識水準，是否要有一個心安的法門給他們？這就是時代的迫切需要。所以為什麼念佛法門，還有六祖以後的禪法，能夠廣大地流傳，真正的轉機就在此。動亂中的百姓，可以去到寺廟看很莊嚴的佛像，可以看到出家人供齋、禮拜，都認為是種福且有功德，身心當然就有所依靠。並不是在動亂的時候，一切都沒有了。因此禪宗跟淨土，就發揮了安定人心的作用，佛教在當時也沒有被毀滅。

## 文字無法框限又機趣叢生的禪法

唐朝初期的皇帝雖然也是信仰佛教，但在施政的作為，可知他們不完全是虔誠的。當時政府用法令來限制佛教，甚至下令在一州只可以有一間大的寺廟，其餘皆不可存在。從另一個角度來看是為了國計民生，因為經過戰亂，國家經濟困頓，如果有很多寺廟或出家人，勢必民用與國用會出現匱乏，因此不允許蓋太多寺廟。等國家安定，國力與經濟豐裕起來時，這些大德們才開始慢慢發揮演經、修禪、弘教的功能。經過安史之亂的破壞後，佛教也受到非常大的傷害，但是這樣大的傷害，反而奠定起以禪宗為主的時代。

祖師禪的特色就是不立文字、教外別傳、直指人心，最重要的是不可以用語言文字去修，所以叫「言語道斷、心行路絕」，就是下手一定是這樣。可是其他宗派一定是依據原來經文指導如何修，就如同四念處、五停心觀這些理論，到達摩時代，雖然仍用經教來說明，可是經教的說明已經不再是佛陀教理、義理的文字內涵，已經是直接從真心來開發大家的認知。

我們經常說的「三皈依」是皈依佛、法、僧，而在《六祖壇經》中所說的皈依是皈依自己自性的三寶，這已經完全跟原來的不一樣。但你說不一樣嗎？它卻是大乘經典裡面有這樣的思想，認為人人都是跟佛無二無別的清淨德相。皈依要不要去找外面的佛來皈依啊？自性裡面本來就圓滿俱足，所以說「自皈依佛」，即皈依自己的自性佛。

「自皈依佛」跟「皈依佛」不一樣，是皈依自性本來清淨，「各各志心，吾與說一體三身自性佛」。甚至於在《六祖壇經》中的傳戒，有交代要做懺悔，「先為傳自性五分法身香」，當中所解釋的東西，都跟原來說的戒香、定香、慧香完全不一樣，都是從心性裡面來做解釋。還有我們所說的西方三聖，在《六祖壇經》裡：「慈悲即是觀音，喜捨名為勢至，能淨即釋迦，平直即彌陀」，阿彌陀佛是平等，觀音菩薩就是慈悲。如果說這些解釋不是佛教，又確實是佛教，然而這跟經典裡面的說法又完全不一樣。你何時聽到解釋「阿彌陀佛」為「平等」？大家都會唸大慈大悲觀音菩薩，但也不是觀音就叫慈悲，或慈悲就是觀音，所以每個人慈悲的顯現就是觀音的顯現。沒有這樣直接的經典文字。但是，有沒有這樣的義理存在？有的。

這就是純禪時代的祖師們，把經教、義理變成活用，而不是死在文字下，因此仍然不改變經典的名詞，但不是死在原來的這些解釋跟條文，而又將它發揮成經典原有的意思，尤其是從讓我們了解自己圓滿俱足的清淨心性這方面來教導與說明。這就是禪宗跟原來佛陀時代的教理，或其他宗派同樣在演繹經典的差別。佛陀所證悟的，是來自於他真實的生命體悟，為了因應大家不同的根器，給予不同的教法，但所有的教法都還要相應到佛陀真實的慧命。

佛陀的證悟，是無法用語言文字來說明，也無法一股腦兒給你，可是又不能不教。

既然要教，就必需隨著個人機緣給予不同方法及說明。但如果把這個說明當作是在研讀佛教、是在走這一條修行的路，就沒有用。所以禪宗就是把這些所有枝節的理論，不讓你繼續攻，往往是逼你在死路上，要你能夠轉得過來、活得過來。這些祖師們都有濟世化眾的悲心，不像一般小乘禪者的厭世主義，或閒雲野鶴般自然主義的道家色彩，也不以神異來作號召，固守平實穩健的大乘佛教精神。

## 歷代禪師想讓我們見到什麼？

從《維摩詰經》中，就可以發覺大乘很多禪者的修行的確是這樣，不是固守規則教條。例如在《維摩詰經》裡面紀錄[8]，兩位出家人犯了根本戒，優婆離尊者就教他們要

8 優波離白佛言：「世尊！我不堪任詣彼問疾。所以者何？憶念昔者，有二比丘犯律行，以為恥，不敢問佛，來問我言：『唯，優波離！我等犯律，誠以為恥，不敢問佛，願解疑悔，得免斯咎！』我即為其如法解說。時維摩詰來謂我言：『唯，優波離！無重增此二比丘罪！當直除滅，勿擾其心。所以者何？彼罪性不在內、不在外、不在中間，如佛所說，心垢故眾生垢，心淨故眾生淨。心亦不在內、不在外、不在中間，如其心然，罪垢亦然，諸法亦然，不出於如。如優波離，以心相得解脫時，寧有垢不？』我言：『不也！』」

如何懺悔，維摩居士一坐到那邊去就說：「尊者，你不要再增加他們的罪性。」優婆離尊者心想：我都是依照佛陀教的出罪與懺罪指導，怎麼會說我增加他們的罪呢？維摩詰居士說：「罪不在那個形象上面，是要能夠知道罪性本空。你自己知道罪性本空而相應至此，身心才叫真正清淨。否則身清淨不造作任何的妄法，但是心常常還有一個罪相可以去評論人家，給人家一個什麼樣的指導，你的罪有真正除掉嗎？」

我們不是說不去清淨自己身上的罪惡，而是能不能真正明白罪性本空的道理？要達到罪性本空，不是說身體去犯罪造罪後去懺悔，或者身體不去造罪而做到身、口、意三業的清淨，這只是罪相的清淨，沒有了解罪性的清淨，只要還有所謂的有罪、無罪、清淨、不清淨的觀念，你的心就沒有見到真實的法，也就不叫真實清淨。這反而讓過失者因為罪而不能真正地了脫，他會因為你是長者，你罵他這樣做錯，身、口、意三業不能這樣做，他接受後就永遠只在身、口、意三業上把持清淨，而無法離開所謂的清淨相、真正見到實相無相。

因緣所生法的當下，一切都是緣起緣滅，並沒有永恆，能夠透知這個不永恆，那就叫做真正智慧、真正的清淨。否則連一個緣起的甚深法，你掉落在一些身心行為或一些生活週遭的事情，這樣無法真正體會緣起性空的道理。但是佛陀為什麼要制定這些戒律呢？緣起性空不是虛無的，而是建立在身、口、意三業的實踐上面。你的每一個實踐有沒有相應到身空、口也空、心也空，相應到緣起性空，那麼你所有一切作為不造作，但也不是沒有造作，而是知道緣這些相，當下了了地去實踐，清清楚楚地去照著相的特性，也就是不違背世間相，這就叫「世諦流布」、「世間相常住」、「於第一義而不動」，才是真正的實相。

緣起空絕對不是只有空的那一面，是當下身心實際的解脫跟掌握。掌握住它的分寸，例如：它是有稜有角的，就要顯出有稜有角；它是圓的，就顯出圓的；它是高的，就顯出高的；它是胖的，就顯出胖的，這就稱為「各得其相」。「各得其相」不是隨便也不是放逸，也不是執著死在那個相。要知道一切諸相都是空寂的，才真正叫做大乘法的實際精神。所以大乘法的實際精神，該殺人的時候，他毫不猶豫地一定會去殺；該被殺的時候，他也不會去逃避，想說我的命怎麼會這樣。我們不要以為照著佛陀所說的，一一地去研究它以後，就可以得到生命究竟的實相。因為佛陀就是告訴我們，生命實相不是從文字語言去研讀可以得來，但是也不離開它。

很多禪者終其一生，別人都不知道他們的名字，甚至有時連著作都沒有，但是又不會像儒家孔子所說：「君子疾沒世而名不稱焉。」能夠達到如此，是因為他知道所有的一切都是因緣和合，只不過是假相。你不要以為應該要有熱忱留下什麼，或建立什麼東西要幫助什麼人，這就是已經落在相上了。佛沒有認為他要留下什麼或建立什麼，他只是隨時分享證得的東西，遇到不會的人則指導他。因為自己沒有想建立，也沒有想到成就，才能夠真正的成就。

禪宗的祖師大德們，甚至於後來有五家七宗等各宗各派，都沒有存心要建立自己這一家、這一派，因為每一位大德、法師都有自己教化的特色。不要以為佛法有什麼不同，祖師禪有什麼不同。沒有不同，後來會有各家各派的說法，其實只是因應眾生不同根器，所使用的各種不同方便，每一家有其悟道與得度的因緣，因此其特色就會保持。

## 生活中處處禪修

歷史上很多從中國去印度取經、修學佛法的行者，歷經生命種種挫折和打擊，生命跟信仰還有主義，才會合成一體、才會有生命的真實表現。如果在佛教，就是佛的真實生命，落實在全體每個人的身心上，是生命真實的體驗。

為什麼我們連一個最簡單的信仰，都無法真正相信並落實在生命裡連成一氣？因為我們的信仰只是建立在自己的認知上，沒有以佛的證悟來當做自己的生命實相，都是透過自己現前的認知、見解來取捨佛法，來選擇自己要修什麼、要得到什麼或拒絕什麼，這就又完全不一樣了。嚴格來說，這是以眾生知見來揣測佛知見，那佛的知見就不復存在了。為什麼要對禪眾這麼嚴？這叫「打得念頭死」，不是要你沒有思想，而是要把自身原本的分別妄想等種種情見、看法、見解，徹底打死以後才能相應到佛法。為何我們欠缺這種能力？因為我們對自己的信仰太自由了，自由選擇、自由實踐，但是卻沒有成為生命的真實領航者。

佛教及其他宗教的實踐主義，是建立在人格的提昇與生命的真實覺醒，只是覺醒的廣度、深度、究竟度不同，不過大部分是偏往這個重點。佛教在次第與實際的修行方法上，非常清楚且層次分明；從單純依據經典的純禪年代，至演繹經典化而成為自己的生命語言，蛻變成天馬行空的使用，都是一種佛教的教化方式。總而言之，不論是哪一類的主題，真正的內涵跟精神都會回歸到佛陀在菩提樹下證悟的真實與受用。所有的修行，包括禪宗也是如此，就算教下的研讀、研究，也絕不悖離希望相應到正等正覺的本懷，只是走的方向、切入點不一樣而已。

## 禪法如何延續至今

中國的大乘佛教，不論是教理還是宗派法門，只要是自我人格完成者，一定會有濟世悲心的流露跟顯現。他們的內心裡證悟到無我，雖無我，反而有大悲心、大願力，在大悲心、大願力等因緣教化之下，若有弟子能繼續弘揚下去，就會成為一家之言。

馬祖道一座下開展出溈仰宗和臨濟宗，石頭希遷下開曹洞、法眼，這是後繼有人，可以繼續發揚。馬祖座下有百丈懷海、南泉普願、溈山靈祐，溈山自成一宗，百丈流露出臨濟，但是百丈還稱讚南泉的法是曹洞以外評價最好的，南泉底下出了一位有名的趙州古佛，但弔詭的是，如此高深妙好的教法，法脈卻只傳到趙州底下一代，便失傳了，並沒有形成獨出的一宗。南泉普願跟趙州從諗的禪法，在當時確實獨樹一格，然而因為後繼無人，這個法就沒被用上。

家師說要承先啟後，這也正是我們為什麼要禪七不斷的原因。一來，開發每個人內在生命的正覺，這是學佛的真實目的；二來，不要背棄祖師的恩德，要把祖師的大法從自己身心的實踐中流傳下去。不是只有教理的研習，更是生命的投入，投入以後就有擔當，就能產生作為。

大乘中不論是禪師或是經教演繹的大德，只要自己的生命跟佛陀本懷相契合，就悲心不離，化世的功能就會產生，絕對不會掉入想要自己創立宗派的泥沼中。回頭看看我們的師父，就可以知道為什麼在閉關時，他會說出將來不收徒、不立宗派這樣的言論。縱然他出關回到農禪寺，或在美國教禪法，他心裡從沒有所謂一宗一派的知見，只是隨順因緣，剛好有人能夠認同他的教法與指導。

在中國，法師的悲心和願力，有時候會產生斷層，為什麼？因為跟大多數的民眾脫節了。宋代以後的禪法修行，只偏於出家人或士大夫，卻遺失了廣大群眾。唐朝六祖惠能的禪法，是建立在廣大老百姓身上，在後期禪法的教導，可以看到語錄裡用了好多老婆子來代表，因為大部分老婆子沒有時間禪修，也沒有知識理論的建立，但是他們竟然可以從祖師的簡單教導裡見到真正本性。

曾有一位婆子，供奉一位出家人二十幾年，結果這位修行人只修到了「枯木倚寒巖，三冬無暖氣」的體悟，婆子就放火燒了庵堂茅草屋，把這位行者趕走，浪費了她幾十年的供養。一位婆子就能夠這麼出格、有見地，因為當時的禪法並非建立在少數人的認知裡，是在社會廣大流行，不需要教理，就一句話去體驗，體驗到了就相應，就有大作用力，很多大德都敗在這些老婆子的手下。大家要深入瞭解，不要認為小乘只是厭世，它是有其積極性的，只是它積極性的產生，跟我們一般普世文化所產生的背景，是不一樣的。中國的佛教，雖建立起很多東西，但最後都走味，不是純粹的佛教，連中國最值得驕傲的禪宗修行，最後也遠離廣大的民眾，變成少數人心靈的專屬安定，沒有大自然、廣大土地的滋潤，也沒有廣大老百姓心靈共同相應，息息相關的感受沒了，變成獨立超然，當然就很難源遠流傳。

我們希望現在的禪法，一定要如聖嚴師父所說的「大普化教育」，所有的禪並不是只有高深的解脫，而是從生命、生活上去體認、實踐、落實，廣大民眾有了認知跟體悟，這樣我們所說的真正解脫之道才可以發揮真實的力量。師父很多的理念，最初我也不太瞭解，經過一番體認以後，自己都認同了，將來我自己的常住，必然會往這條路走，因為失根的蘭花不會長得好，我們一定要把佛法的果實，建立在廣大民眾的土地上，這樣它才能永遠生生不息。所以對於你們能夠懂得多少、認知到多少，我都不在乎，只要把禪法與佛教的教理真正地、普遍地、廣大地直接深入到每個人的認知上，你能夠受用多少都沒關係，但起碼你知道有一個東西叫做禪，叫做佛法。

## 原來禪法傳承也會受政治影響？

純禪時代的特色，當時的祖師大德都有濟世的悲心，不會陷入小乘的厭世主義，不會像道家閒雲野鶴般的自然主義。在魏晉南北朝的道家是一種對禮教條文的反撲。道家也認為心性需要自由，莊子曾問過若有三千年的龜要供奉在廟堂中祭拜，牠願意去嗎？[9]雖然能夠受到許多人的供奉禮敬，但對靈龜而言，牠仍然喜歡在爛泥巴中爬，意即性靈的自由不要受物質、名利、種種一切所拘束。名聞利養再缺少或生命再淡泊，總比名利再多而身心不得自在、性靈不得開放來的值得。如同龜寧可在污泥之中拖著尾巴

9 莊子釣於濮水。楚王使大夫二人往先焉，曰：「願以竟內累矣！」莊子持竿不顧，曰：「吾聞楚有神龜，死已三千歲矣。王巾笥而藏之廟堂之上。此龜者，寧其死為留骨而貴乎？寧其生而曳尾於塗中乎？」二大夫曰：「寧生而曳尾塗中。」莊子曰：「往矣！吾將曳尾於塗中。」

慢慢走，也不願死亡之後被供在廟堂上。

老莊的自然與曠達放任的思想，配合當時魏晉南北朝政治的嚴峻，導致士大夫不敢深涉政治，而用這種方式來逃避政壇的可怕。因為自東漢以來，國家很多的問題都取決於名士，尤其是精神領袖的影響力、感召力，常左右著很多的政策，所以他們的名望都非常高。因此，越是清高、越是受到傷害的人，他的影響力更大，這些清流大夫雖然不在朝為官，但其觀瞻動輒為萬民所追蹤，一言一行都會影響當時的政治走向。

為什麼在晉朝時期，把很多名士，如竹林七賢等都殺掉，是因為這些人的思想沒辦法被當時的政府所攏絡，這些名士玩世不恭、對於禮教的不奉行。他們因為在當時不奉行禮教，如果願意接受剛得到政權的皇帝或擁護其政權，則不會被殺頭。例如明末清初的士大夫，不被清朝所攏絡，有的人舉兵抵抗清朝卻失敗，失敗後就轉向藝術方面；還有士大夫為躲避清廷徵召就跑來出家，出家後往往抱著「孤臣無力可回天」的風格，因此在言論方面有著悖逆的現象。

清朝雍正皇帝對佛教頗重視、頗有影響，他編有《揀魔辨異錄》，其中排除了大慧宗杲。大慧宗杲是南宋時期主張抗金的出家人，後來亦被秦檜流放。因此雍正在挑選各家語錄時，認為大慧宗杲沒有見地，所以其著作也不擇錄。在明朝天童密雲圓悟禪師，即三峰漢月法藏的師父，使臨濟的法脈得以復興，提倡恢復五家的宗旨。因此，在明末清初的臨濟禪法有一段輝煌的歷史。

天童老人不贊同徒弟漢月法藏用各種鍛鍊的方式訓練悟後的人，他認為這是落在有造作、有文字。因此師徒二人不免有些摩擦，甚至變成師徒的對立。原本在明末各自無影響，但到了雍正時期，就利用國家的權勢，把漢月法藏這一派系排除在外，除了不讓其法子或弟子當住持，更連同其文章全部毀掉，《揀魔辨異錄》當時就把這一派系認為是邪禪。《揀魔辨異錄》中，已經載明當時有許多長老並無真正的見地，往往一當上長老，人人都要著作一本語錄。這些語錄是以金錢聘請一些較有知識的出家或在家人來撰寫，甚至要上台說法時，也指派一個人上台說一些偈，主法法師再與他對答，另一人再來踢館、回答，如同演戲一般。

因此，就變成明朝臨濟的禪法只是形式，如果沒有天童老人或漢月法藏的努力，明朝很多禪法可能就無法流傳。到了順治皇帝，他師父玉琳國師也屬於臨濟這一派，當時還不是屬於主流，到了雍正皇帝時才扶正。直到民國，很多的大寺廟都屬於玉琳國師直傳的法子。從北宋以來，幾乎都是大慧宗杲的法子領導大半中國叢林，但到了雍正時期，因有了政治力介入而改變。

像在二祖慧可之後，經常有受迫害之事，但不像前期的神通變化。這代表著禪法從過渡時期走上真正平實處。因此，達摩本身還能看到一點神通，但其本身並沒有刻意以神通來接引，達摩、二祖、三祖都還是用原始佛教的方式，閒雲野鶴地過著頭陀行，幾乎前三代，尤其是慧可、三祖僧燦，連僧燦的歷史，也沒有詳盡資料，甚至死在哪裡都是後期記載，到底有無接二祖的法，也很難得知。

雖然有流傳三祖的《信心銘》，但究竟是不是他的著作，也很難確定。為何會造成這樣混淆不清呢？主要是：第一，當時仍處於戰亂時期，隋朝尚未統一全國。第二，南天竺一乘禪不為當時佛教所認同，故有紀錄達摩「又北度至魏，隨其所止，誨以禪教，于時合國，盛弘講授，乍聞定法，多生譏謗。」甚至二祖慧可「行化京畿，盛開祕苑，滯文之徒，謂是魔語，貨財公府，非理屠害。」所以禪法未正式流通之前，只能隱諱地將所傳的法，秘密地傳給一、二人。總之，在純禪時代以平實的方法，不用神通，以悲心願力相應中國人的根器，來做佛法或禪法的接引，屬於平實穩健的大乘修行。

第三，在六祖之前，所有的祖師包括四祖、五祖，都是鼓勵禪坐的，以打坐為主。嚴格說起，默照的打坐方式，是自古以來佛教禪門的正統主流，後期是宋朝大慧宗杲提倡直指人心，這種方式在當時也產生一股很大的力量，但到了後期，只有形式而沒有內在精神。從早期有其特色的話頭，用直接逼拶的方式接引，然而只有一下子的燦爛，並無永久的影響。

## 「冷水泡石頭」不是禪修！什麼才是禪修？

大多數的叢林，都教人「念佛是誰」、「父母未生前的是誰」，但只叫你在那裡泡死水，泡得出來還好，泡不出來就死在那裡，完全無人知道。千百人打坐，坐到屁股都生瘡了也都不悟。《禪關策進》等有關禪法的修行，乃至於悟後的心境是如何的現象，都解釋得很清楚。但當時大多數修行人都沒有注重在此，只是一味地枯坐，能得力的非常少。

古時雖然鼓勵坐禪，但是都要去參禪。參禪並不是拿一句話頭去參，大部分是用佛陀經教理論中的一句話去參，後期可能是用公案。當時公案不像是話頭禪那樣，例如：

什麼是「祖師西來意」？不是去懷疑，而是去明白它究竟是什麼？這樣是「參」，不是去「疑」；話頭是去「疑」。「祖師西來意」意指人人自性本來就是佛，人人本來就是清淨。大家都知道「不受人惑」，而誰是「不受人惑」，自己則要去明它。因此打坐的時候，就是用這種方法，一直把教理、說法變成自己生命的實踐，理解不出來的時後，就要繼續地用功下去。

到了大慧宗杲用話頭時，就幾乎不是教你去瞭解公案，直接取一句話，例如「無」的公案，有人問趙州和尚：「狗子還有佛性也無？」趙州有時回答「有」，有時回答「無」。但是大慧宗杲就直接擷取一個「無」字，也不說公案的緣起與內容。以前的公案為什麼會有？例如佛陀說一切眾生皆有佛性，為何趙州會說狗子沒有佛性？那就要去參。默照的時候去參，就稱為「止觀」，不是呆呆地坐著，要去想為什麼會沒有，明明一切眾生都有佛性。你知道是一樣的，那只是知道，並沒有真正地明白，要把全部力量用在那幾句觀照，並不是用「疑」的方式。

這樣的觀照，觀照到全身都投入了，突然你在工作時的風吹草動，一下子就悟了。或者你去見祖師時，自己參很久，問祖師說：「什麼是祖師西來意？」祖師回答：「狗屎是西來意。」你一聽愣住，突然就懂了：「對！狗屎。」而不是什麼都不了解，什麼都沒有參，只是去問「祖師西來意是什麼」。沒有功夫之下，只想說要來參，全身身心都沒有進入狀況，對答案好奇，即使別人告訴你答案，你也悟不出來，因為答案都不是可以用心意識去想的。

這些都是要從自己心性明白以後，才能知道這句的特色在哪裡。例如：有二人見趙州，要向他參學，趙州就問二人說：「曾到此間否？」一人答說：「不曾。」趙州就說：「喫茶去。」另一人回答：「曾到。」趙州也要他：「喫茶去。」院主這時覺得怪，就問說：「不曾到，教伊喫茶去；即且致曾到，為什麼教伊喫茶去？」結果趙州也叫院主：「喫茶去。」若就義理上去追逐，那一點都沒有用。

你要知道為什麼喝茶是代表生命全面的覺醒？來也是如此，不來的也如此，已經泡在這裡的也如此。這不是用想的，而是要參明它。一參明，就知道為什麼趙州有這樣的手段，代表他全體接引眾生的真正大智慧。因此，法無定法。如果掉入「來、不來」，這叫「生滅」。「來的人」，就落在「生」；「不來的人」，就落在「滅」，意思是「生滅」兩者都去掉了，維持這個唯一的中道，泯絕了所有的分別對待，就是喝茶。

再例如「如來無所從來，亦無所去」，何謂「無所從來，亦無所去」？如果懂了這句話，就知道百丈被捏鼻子很痛的時候的問答。「師侍馬祖行次，見一羣野鴨飛過。祖曰：『是甚麼？』師曰：『野鴨子。』祖曰：『甚處去也？』師曰：『飛過去也。』祖遂把師鼻扭，負痛失聲。祖曰：『又道飛過去也。』師於言下有省。」這裡可看出百丈落在生滅對待，有「飛」還有「過去」。若「諸法不生不滅」，怎麼見不到諸法不生不滅的實相呢？這是掉入現象的執著與分別。因此，鼻子一扭時，代表他的功夫已經用了很久，不然把你鼻子扭下來都沒有用。

早期仍然用打坐的方式，在身心安定後，把整個生命力量投入於法的觀照上，並不是用腦筋去想、去追答案，是用智慧直觀直了。一句話能不能當下猛然地相應，那便是平常的功夫要到那裡。所以在這時候，不管是用語言、文字、棒、喝、踢，乃至於頓斷自己的心識。

# 第八章　達摩祖師二入四行觀

《菩提達磨大師略辨大乘入道四行觀》

夫入道多途，要而言之不出二種：一是理入、二是行入。理入者，謂藉教悟宗，深信含生同一真性，但為客塵妄想所覆，不能顯了。若也捨妄歸真，凝住壁觀，無自無他，凡聖等一，堅住不移，更不隨文教。此即與理冥符，無有分別，寂然無為，名之「理入」。

行入謂四行，其餘諸行悉入此中。何等四耶？一、報冤行。二、隨緣行。三、無所求行。四、稱法行。

云何報冤行？謂修道行人若受苦時，當自念言：「我往昔無數劫中，棄本從末，流浪諸有，多起冤憎，違害無限。今雖無犯，是我宿殃惡業果熟，非天非人所能見與。甘心甘受，都無冤訴。」經云：「逢苦不憂。」何以故？識達故。此心生時，與理相應，體冤進道，故說言「報冤行」。

二、隨緣行者，眾生無我，並緣業所轉，苦樂齊受，皆從緣生。若得勝報、榮譽等事，是我過去宿因所感，今方得之，緣盡還無，何喜之有？得失從緣，心無增減，喜風不動，冥順於道，是故說言「隨緣行」。

三、無所求行者，世人長迷，處處貪著，名之為「求」。智者悟真，理將俗反，安心無為，形隨運轉，萬有斯空，無所願樂。功德、黑暗，常相隨逐，三界久居，猶如火宅，有身皆苦，誰得而安，了達此處，故捨諸有，止想無求。經曰：「有求皆苦，無求即樂。」判知無求，真為道行，故言「無所求行」。

四、稱法行者，性淨之理目之為法，此理眾相斯空，無染無著，無此無彼。經曰：「法無眾生，離眾生垢故；法無有我，離我垢故。」智者若能信解此理，應當稱法而行。法體無慳身命財，行檀捨施，心無悋惜，脫解三空，不倚不著，但為去垢，稱化眾生而不取相。此為自行復能利他，亦能莊嚴菩提之道。檀施既爾，餘五亦然，為除妄想，修行六度而無所行，是為「稱法行」。

## 《楞伽經》與入道四行

達摩祖師「二入四行」的方式也是用打坐壁觀方式來見到自己清淨的本心。早期純禪時代是很注重「坐」的，沒有話頭、公案、棒打及吆喝的方式，因此早期是一片風平浪靜，但風平浪靜之下是暗流洶湧。為何會暗流洶湧？當尚未到達那地步時，看似很平靜，但當你跳下去被祖師一逼拶、逃不出來時，那就是暗流洶湧。祖師的外表都是很平和，你不惹他，他就不惹你。如果掉入有所為，想要問佛法、問如何修證，不能自己承擔、不能自己找到屬於自己的寶藏，來找祖師時，祖師所給的教導，不僅是脫一層皮，連骨肉都要消散，真正地死了才能見到祖師那句話的作用，只要有一點點活著的氣息都沒有用。它的力量是來自於此，還要靠自己的努力去參到死去活來、山窮水盡，就會有柳暗花明又一村的體認。不到山窮水盡，哪能有柳暗花明呢？因此，一定要用功至此，到最後什麼都除掉、一無所有，一無所有才是真正的擁有，所有的東西才是你的，這就是純禪時代。

大乘入道的「四行」，概分為「理入」及「行入」，但「理」跟「行」，是相同的東西。要了解這之前，要先知道達摩這一系是以《楞伽經》來印心。《楞伽經》在達摩時代即有十卷魏譯版的出現，以及南北朝的宋四卷譯本。宋譯四卷的《楞伽經》主要在說明我們的心是如來藏心，如來藏心是指清淨的心，即一切眾生皆具如來智慧德相，但因妄想執著而無法證得。在魏譯十卷《楞伽經》是以如來藏心的識藏來說明，其把心的名稱為如來藏。如來藏是指不生不滅、清淨的本元，識藏是指心起了分別後，對境加以種種的取捨，變成真心不能顯露，其真心是包括真妄和合的，與《大乘起信論》的純一真心不同。《大乘起信論》的純一真心，是指從一個真心中，開出「真如門」與「生滅門」，有一個真正的真心。

而四卷《楞伽經》，所謂如來藏或識心，都是因為因緣和合、緣起當下、即空即有、即有即空。「因緣和合」在小乘認為，是偏向於「緣起空」上；而到了「般若」時，則徹底明白其實「空」是當下就具足一切眾相。因此，不論是「空」或「假有」，都只是名相上的假安立，沒有究竟的實法可得，連般若、智、煩惱也沒有，也沒有任何對治的法門與成就，就是完全的「空」，其與小乘生滅的「空」不同，而是見到當下因緣和合，當下的即空即有、即有即空的現象。

是否有一個真正的真心可得？有的，即為第九識—清淨識，稱為阿摩羅識，即離開一切妄識後，成就的清淨識，其不同於阿賴耶識。阿賴耶識是染淨和合的，等到轉識成智後，而有個真正的識體存在，就是第九識，其又偏向於「妙有」，就是為了對治「畢竟空」而產生的「有」。這個「有」並不是落在現象「有」的執著，必須從「般若空」來講，只不過它發揮的「有」是「妙有」。這是為了對治眾生進入到「斷滅空」或不知修行為何事所安立的，亦即轉識成智後，有識智的成就，就會有法身、報身、應化身。在唯識中雖說是變現，但並不如同「般若」所說的只是假名的安立，而是有實際的果報、果德可成就的。

這與小乘解脫的「戒定慧」三學，其全部成就以後稱為「無學」，無學的果位，在小乘認為：此生梵行已立，所作已辦，不受後有。這是奠立在自我修行上，了解一切生滅的假象後，成就認為有一個「不生滅」實際的涅槃。到了三論宗，認為涅槃不過是個「名」罷了，為了讓眾生瞭解有一個涅槃，這個涅槃也是假有的，安立這個名字的，其偏向於「空寂」來說，這樣會引起一些修行者心理的害怕，認為說「沒有」就無法有真正地用功。因此，就變成了「唯識」，但要注意不要把「唯識」，認為可以轉識成智而當成真正的實有。

雖然「唯識」在實體上，不是究竟的真實有，但在業用的妙相上，不能否定它的有。例如：若修行證果，就顯示佛的果德、智慧、種種一切莊嚴；若流落到眾生界上，那「真心」就無法顯現出來，必須要用「識心」。識心會造作三界六道種種善惡，所有的染淨都不出我們的「識心」，所以稱為「唯識所變」，包含成佛之路也是唯識所變。因此，這使得很多人不怕修行佛法。若不瞭解「唯識真空」，落在有所得，這就遠離了佛教真正的義理。佛教的緣起空一定要貫串整個修行與理論，若違背此理，就不稱佛教。

到了大乘的「真常唯心」時，其特色就更加凸顯了。在唯識時，主張一切是心跟識的變化，而其變化有大作用與功能，但仍是偏向於心與識，以不即「相」的方式去體會「性」與「相」實際融合在一起。雖然也是從「般若」了解相與性是一體一如的，但畢竟還是比較偏向於種種功德的妙用、德相本來是空寂的，空寂的當下有種種的業用，要成為清淨時則必須要轉，之後實際所得到的，包含真如、解脫等，都是實際有的妙用。

到了真常唯心系時，就不再講說是「染淨和合」、「轉識成智」或「性相一如」，而是獨顯「即性即相」，從「識相」上，當下即是真理全體、真心的顯現，故不必離色去追探其性為何。在色的當下，即是圓滿所有的一切，才會開展所謂的「常住真心」。「常住真心」就是真心是絕對，如同《大乘起信論》所講的「一心開二門」，從真如來講，是離名離相、亙古常有，不是因為佛證悟以後才有，也不是佛滅了以後就沒有，故說是永恆常存的，這就是「真如」。

「真如」是無法用語言文字說明的，它是永遠無名無相、無形無色的。要給它任何一個名稱、語言都不行，只有在生滅門上，才能體會其真心。從生滅上的修行觀照，緣到自己真正的真心。這與前述不同，無論有何不同，其與外道的「神我」還是不一樣，外道的神我是認為有真正亙古常存的神存在，是不可動搖的，也不可改變，但我們所稱絕對的真心，那「絕對」二字，仍是建立在「空」上，只是為了表顯真心的妙用可產生：從「淨」上的作用，可以「成佛作祖」；從「染」上的作用，可以成就三界六道的染污。

《金剛經》中所述「菩薩非菩薩，是名菩薩」，是般若系的理論，只是「識名」而已，到了「唯識」，就是「虛妄唯識」，亦即不管染淨的一切對待，都是唯識所變現的，因此沒有永恆的有，但也不能說沒有。因此，其特色即是不論外在山河大地、萬法等，都是唯識所展開的，永遠都是不真實的，但其不真實不像我們所感知的不真實，而是經過像三論、般若所講的一切都是唯名。三論是講「唯名」，而唯識是講有種種的變現，無論如何地變現，都是識心的作用，轉成清淨也是識心的作用，轉成染污也是識心的作用，所有一切，還是屬於緣起空。

大乘的「真常唯心」，不是「神我」的真常，而是建立在空慧及唯識的變現上。因此涅槃就是講佛性的「常樂我淨」，但很多涅槃的思想，會說沒有一個法稱為涅槃，也沒有人涅槃，也沒有佛涅槃，這些要全部盡除後，才真正稱為涅槃。《涅槃經》中所說「扶律談常」的「常」非指像神我的「常」，而是法性上永遠的不生不滅、不來不去。但法性的不生不滅、不來不去，是因為諸法的當下，就是生生滅滅。因此，不離生滅的當下就是不生不滅。《楞伽經》的特色，掌握住「真妄和合」的心，再進入般若空的不二法門。《維摩詰經》上有說明何謂不二，即染淨、生死、對待等等都是不二的。《楞伽經》中敘述「真心」與「妄心」是不二，但沒有真正的真心與妄心實際的存在。

當它不明時，稱為「識心」；當它明的時候，稱之為「佛性」，現在存在於「可明或不明」時，就稱為「如來藏識心」，又有「如來藏」又有「識」。《楞伽經》有這樣的特色，劉宋譯四卷《楞伽》，雖然講到很多唯識的概念，但其特點不是在講唯識之後產生的種種心性及之後的名相，名相後產生種種的業用，從業用有何種種的果報，這些果報出現後，又如何循著身心的現象，藉由修法而轉識成智。後期的唯識，例如《百法明門論》以及其他唯識都是在講識的名相、功能、作用等。

但是在四卷的《楞伽經》，雖然有講到百八句都是識所變現的，但其特點不是在說識變現這些後，逐一地說明識的名相、定義與作用，而是知道有這樣的作用後，要趕緊攝相歸性，從這些名相，知道其體性是如如的、緣起性空的，不是在建立名相的安立上，這與十卷元魏譯本不同。《楞伽經》在第四卷講到唯識的作用與功能，往往都是現象是這樣，你要回到不生不滅或性體空寂上來觀照，而十卷元魏譯本則是在名相上，逐一地解釋與執行。

《楞伽經》是部奇特的經典，唯識宗將它當作主要的經典之一，禪宗也以它印心，而在三論宗，也把它當作重要依據的經典，幾乎性相二宗都把這部經作為重要依據。其貫通般若系的重點，也貫通唯識的理論，更貫通心性的染淨和合，乃至於不生不滅。中國大小乘的思想及禪宗重要思想都可以看到，是這部經的重要特色。例如這部經中可看到禪宗的對於頓與悟的解釋，也可看到宗通、說通[10]；又如馬祖的「即心即佛」，馬祖曾開示：「故《楞伽經》以佛語心為宗，無門為法門。夫求法者，應無所求。心外無別佛，佛外無別心。」即是佛陀的教誡以心為主要，點明「藉教悟宗」的道理。因此《楞伽經》的開顯，跳脫如來禪，直接進入祖師禪的重要經教上的說明，幫助非常大。而在後期著

10《楞伽阿跋多羅寶經》：「一切聲聞、緣覺、菩薩，有二種通相，謂：宗通及說通。」

重於名相上的解釋，最後流於對名相文字的追究。

## 理入

> 夫入道多途，要而言之不出二種：一是理入、二是行入。理入者，謂藉教悟宗，深信含生同一真性，但為客塵妄想所覆，不能顯了。若也捨妄歸真，凝住壁觀，無自無他，凡聖等一，堅住不移，更不隨文教。此即與理冥符，無有分別，寂然無為，名之「理入」。

理解《楞伽經》之前，《大乘入道四行觀》（即《菩提達磨大師略辨大乘入道四行觀》）是很重要的觀念，若不了解就無法知道《楞伽經》與祖師禪間有承接的地位。從《入道四行觀》中的「二入四行」簡單地來辨別大乘入道，即進入大乘的方法，揀別於不同小乘的修證，「夫入道多途，要而言之不出二種，一是理入，二是行入。」以大乘的方法進入，真正體驗佛陀究竟的本懷，而不是小乘的方式，其採「理入」及「行入」兩種。先前提及不要把它分成兩個，要把它當作像六祖所講「定慧均一」，不是「先定後慧」也不是「先慧後定」。理入與行入都代表「解行並重」，也就是在行之前，要有正知見的了解，才不會盲修瞎練。如果只是空思妄想，不論理論如何高超，也只不過是閉門造車，符合不了真正的大道。

如果沒有真正直接從身心上去體悟你所認知的理論，那永遠都只是空中樓閣，沒有任何的助益。因此，「理入」與「行入」，不要認為說要從哪一個先入，尤其祖師禪在生活實踐的當下，要具足對佛法的正知見，例如：一切緣起性空，知道自己佛性本來清淨，又有無邊智慧妙用。這樣的了解後，要從生活上面去實踐、體悟，例如：染淨不二、煩惱與菩提不二，不要只是嘴巴知道而心卻不知道。

如何才是真正地知道？就是生活上的實踐，慢慢達到得失與苦樂都是很平常，覺得很自然。也就是從生命的實踐上，相應到一種平等、沒有差別、沒有對待。沒有差別、沒有對待，並不代表你不瞭解它，而是經過體驗後，超越它了。因此，不要只是空空地去理解，要真正變成生命的實證。當理與行相應成一體時，要說理也頭頭是道，要在生活實踐上，也可以全體作用於身心中表達，不需要多言多語。

「理入者，謂藉教悟宗，深信含生同一真性，但為客塵妄想所覆不能顯了。」「理入」第一項理論就是「藉教悟宗」，不是自己師心自用，以自己的妄心當作取捨、評斷的依據，例如「是心是佛」這一句，你就理解說我這顆心就是佛，也就是以自己分別心、妄心當作取捨或真實的印證。所以《圓覺經》中提及，如果以凡夫的知見來學習，要想認知如來真正的智慧，能不能了知？「何況能以有思惟心測度如來圓覺境界，如取螢火燒須彌山，終不能著；以輪迴心生輪迴見，入於如來大寂滅海，終不能至。」

戴上有色的眼鏡，看的東西就會有那色彩，你怎麼看就怎麼不對。在《圓覺經》中說眾生一切都是佛，眾生為何會看到煩惱、種種的痛苦、生死？在〈文殊章〉就說明，「一切眾生從無始來種種顛倒，猶如迷人四方易處，妄認四大為自身相，六塵緣影為自心相；譬彼病目見空中花及第二月。善男子！空實無花，病者妄執。」看到虛空中有花，你就認定有一個實際的花，就像我們眾生身心執著山河大地為實際的有，若虛空中的花太多，讓你眼花撩亂，你就想種種方式要如何除掉它；但是，實際上不是除掉外在的花，而是你的眼睛恢復正常以後，就沒有虛空中的花。

在〈文殊章〉就說明：「如來因地修圓覺者，知是空花，即無輪轉，亦無身心受彼生死，非作故無，本性無故。」本來眾生就是佛，就是清淨無為的，不要認定有這些病、有這些障礙，也不要認為有一個佛的東西，可以去修、可以去成就，一切都是空寂的，這稱為「藉教悟宗」，也是最究竟的。例如：眾生還是不了解，就在〈普賢章〉以後，開始修習如幻的法門，從幻心起幻法來對治這些幻法，對治到「諸幻雖盡不入斷滅」，真心就會顯現出來。用次第一直用功下去，不能直接體證本來無生的道理。

大乘的「藉教悟宗」，不是藉教去悟這層次的如何成就，或是佛道如何修行、煩惱如何去除等，那都不是「宗」，而是方便法。真正的「宗」不是用語言教化來說明的，但是眾生不了解時，佛陀四十九年只好苦口婆心地把他證悟的東西不斷地告訴眾生。要見到佛陀的真心、實證的東西是什麼，一開始就說「藉教悟宗」，不要掉入語言陷阱中，要從語言的當下，就知道真實的宗要，也就是真實的清淨本體是什麼。

「深信含生同一真性，但為客塵妄想所覆不能顯了」，這是關於「教」中很重要的觀念。所有佛經從次第進入，到最後要了解真性是什麼。如果一切眾生都無真正的真性，請問煮沙能不能成飯？不能，就是有這同一真性。但從小乘的次第法門來看，還要費盡很多很多時間，見到只是一部份，有的可能見到朦朧的。如果直了者，當下馬上見得清清楚楚。所以真性在小乘中，絕對沒有講說凡聖都有。到了般若時，也只是告訴你說佛和眾生、還有涅槃等，種種的一切，都叫做假名，也沒有開顯說眾生皆具有如來智慧德相。一直到《法華經》、《涅槃經》、《楞伽經》等，其中《楞伽經》並沒有講得很清楚，裡面提到「真妄和合」，但還沒提到即一切眾生皆具有如來智慧德相，而在《華嚴經》跟《法華經》等大乘經典就都有講到。

這就是凡聖同一種性，那就是大乘的至高理論。如果都有，為何顯現不出來？那就是「客塵煩惱」。何謂「客塵」？就是你家有客人來住個幾天，他會不會繼續賴著？繼續賴著是你的兒子、女兒，那就不叫「客」，是家中的一分子，所以是主；「塵」代表煩惱，意思說煩惱的實相是真實存在嗎？不是。那仍然是空寂的，只是有那作用，那個相是染污，作用也會染污。是不是「塵」自己的染污？不是，是心因為分別後，才染污的。所以說「客塵妄覆」，採用「妄」字，即表示不是真實地蓋著。若是真實地蓋著，就永遠不會有去除的時候，像這樣就稱做「妄覆」，也就是蓋覆了。能不能真的消除掉呢？不能，因為它還在底下活著，有一天還會出現，因此稱為「妄覆」。

## 達摩祖師以「壁觀」入理

你不要怕煩惱來，只要覺察到了就會不見。道理既然這樣，我們就要「捨妄歸真」；

如果道理是這樣，我們還要不要繼續做凡夫，永遠這麼辛苦呢？只有笨蛋才這樣。了解跟佛無二無別，煩惱也是假的，馬上就可以得到真實的受用，所以只要「捨妄歸真，凝住壁觀」地用功。怎樣才能進入到「理入」？實踐用功要證入到理，是用「壁觀」的方式。有的解釋「壁觀」，認為是像早期師父教我們的面壁打坐，嚴格說來不是如此。「壁觀」是在佛陀教授的止觀法門中，稱屬於「十遍處」修法其中之一的「地遍處」，十遍處即「地、水、火、風、青、黃、赤、白、空、識」等十大，指的是宇宙、山河大地所有一切，擇其中一項為所緣，觀其周遍一切處，都是無限寬廣，一個大就可包含山河大地種種一切。所以是以地水火風等作為修持的方便，跟《楞嚴經》很像。

早期如來禪之前的小乘禪，就有修「十遍處」的法，稱為「遍一切處」。「遍一切處」的修法，第一個是「地大」，「地大」用功的修行，在中國或印度，早期出家人的屋子是用土蓋的，用土砌的牆是用來觀地大的，他在牆上畫圓圈中間再點上一個點用來觀照，因為牆壁是土做的，你凝心凝住在這上面，慢慢地觀察眼前這一點的土，慢慢觀照成山河大地，包括我們的身心，都是由「地」所成就的，遍一切處就是包含身心、山河大地全部都是如此。到了這個境界，會不會產生分別？不會的。既然遍一切處都是屬於地大，有沒有不是地大的東西？就是全部都變成一體，而且這不是想的，是修「觀」而觀照出來的。觀的時候，一定有它的相，會在我們心境流露出一個相，且如如實實地在定中可以見到，出定以後所觀察的一切，縱然是有萬物的差別相，但是在你的觀法，就變成沒有差別的大地。此時，你的心跟境、萬物都沒有差別，這稱為「遍一切處」。

很多沒有用過禪法的修行者，就把它當成面壁。所以「壁觀」不是只是面對牆壁，坐著不動不吃不喝。「凝然」是指統一我們自己的身心，類似「止」的修法，「壁觀」是指「遍一切處」地大的用功。這才相應佛陀教法的修持，因為是從修法一直跨到大乘的修法。能夠做到「遍一切處」的時候，你的心、境、悟才都是統一的。有統一的現象時，心才不會隨著境起妄分別，沒有經過禪定的用功努力，起心動念都是起妄想分別，都是被境轉，你只要用這樣方式，即使坐到最後變成好像木頭人，什麼分別好像都沒有。「好像都沒有」是外人看你的的狀況，但你的心所觀照的一切法，都是如你的觀法一樣如實呈現。

《楞嚴經》的水大，就可透過觀照把山河大地變成水大，所以《楞嚴經》的二十五種修法，每一法都稱為圓通，地、水、火、風、空、赤等十遍處這些也是一樣的，照樣可修成功。因此，這裡的「壁觀」其實是地大的修法，當觀法成功後，所見的還有心所領悟的，很自然的相應。如果說只是在地大很快地相應，在一片沒有分別中，這樣的觀法也是沒有成就，必須要從觀地大遍一切處，延長到宇宙山河所有的萬法，都是無邊的大與空寂，都是一相的。

「一相」就是無相，所有的萬象都消弭了它的差別對待，變成了統一相。這時候就進入到「理」，當下就真正是「無相」，「無相」才是真正的實相。從這樣的用功，很快就可以相應到大乘真正的道理。而我們的修行呢？嘴巴唸唸「摩訶般若波羅密多」，般若就是慧，慧觀照一切諸法緣起空，那觀照成功沒有？能觀照一切諸法當體如如、當下都有種種作用，都是空嗎？沒有。為什麼？從禪定也沒有這樣體驗，從真正的理上相應去參也沒有悟，從生活的歷練也沒有到達這地步，所以當然永遠「口說心不行」。

自己的心不要對外去攀緣，就在方法上真正地凝聚，凝聚到這一念就叫做「大」，大到能夠沒有任何對待差別；或者聽聲音，聲音到達所有一切處就只有這麼一音，「一音」就是無音，才是真正的一音。如果你只掉在聲音的有無，那就不叫做「真正的大音」。「真正的大音」是「無音」，但並不是空無的聲音，而是宇宙山河的所有聲音，你都要當下體驗到無音。沒有任何差別對待，然後你的心又了了清楚所有種種的一切。到達此時，你就能體會「凡聖等一」，所以很多人看完了這句就會背，稱為「理入」，「理入」當下就是「行入」。

佛法的「心心相印」，不同於男女間感情的心心相印，在此是指自己的心所證悟到的清淨佛性，跟歷代祖師傳來所印證真實的清淨心是相應，所以稱為心心相印。如果「印」不是確實的，我們稱為豆腐印或冬瓜印，那是沒有用的！要真正確實的金剛印。「無有分別，寂然無為」，你不要認為「無有分別」就變成呆瓜，不是這樣，一切諸法你若清淨了然明白，但是一切諸法都是圓融無礙，雖圓融無礙，可是各自的差別妙用一一都清楚。這時「寂然無為」，就是「名之理入」。「寂然」是指諸法的究竟實相，以及其差別對立相都展現出來，就是一種清淨、不來不去、不生不滅的現象，沒辦法用語言去瞭解或形容它。這個「名」就是形容它或知道它，這樣就稱為「理入」。

這個法門很重要，是我們自己在禪法的修行上面，也就是禪宗真正早期的祖師禪是這樣的用功，並不是說沒有漸次地進入。「理」當下頓知，而「行」要次第圓滿，到「悟」的時候，絕對是究竟當下就悟。可是在你自己的觀行（壁觀就是觀行），觀照與修行的過程之中，步步要踏實，不可以虛懸；步步要超越一切生命的對待，不能掉在有或無、染或淨，甚至於這些完全都沒有了，連「無」都不可得的時候，才真正相應。

## 行入

行入謂四行，其餘諸行悉入此中。何等四耶？一、報冤行。二、隨緣行。三、無所求行。四、稱法行。

「行入謂四行，其餘諸行悉入此中。」行入有四行，四行只是簡要說，其實有百千萬行，意思是說歸納這百千萬行不出這四行。「何等為四？一、報冤行。二、隨緣行。三、無所求行。四、稱法行。」

## 報冤行

云何報冤行？謂修道行人若受苦時，當自念言：「我往昔無數劫中，棄本從末，流浪諸有，多起冤憎，違害無限。今雖無犯，是我宿殃惡業果熟，非天非人所能見與。甘心甘受，都無冤訴。」經云：「逢苦不憂。」何以故？識達故。此心生時，與理相應，體冤進道，故說言「報冤行」。

「報冤行」是體冤進道，意思說對我們現前所遇到的不順、不如意或種種的煩惱，不要只是怨天、怨父母、怨命、怨時不我與。佛法告訴我們不要這樣怨，你今天為何會淪落至此，最主要原因是這些受苦是往昔從無數劫以來的棄本逐末，這就是重點。所有的苦就是因為我們棄本從末，「本」就是根本，即我們的清淨心，清淨本來是無染的、圓滿的、沒有一切對待染淨分別的，但我們沒有好好掌握住這與佛無二無別的智慧德相，反而掉入到分別對待，變成貪瞋癡等種種的一切，這叫做「棄本從末」。在《楞嚴經》中講得更清楚，就是妄認四大五蘊為實有。

我們是不是常認定自己實有？不然，我罵你時為何會覺得受傷？因為你覺得很苦，這就是掉入身心五蘊裡面。除了這原因外，我們又把外在山河大地種種一切也認為實有，山河大地只是一個形容，其實包括語言、文字等，這都是外在的。例如對於語言、文字、權勢、名位等種種的一切，我們是不是都當作實有？有時真的覺得很奇怪，沒有學佛以前，聽到別人罵我們一句，我們就很生氣，比被打一巴掌還可恨，尤其是背後說我們是非的人，如果是好朋友，會更覺得生氣。

語言聲音有沒有真實相？沒有。在小乘經典中，佛陀就講如果有人罵我們，那叫做「仰天而唾，唾不污天，還污己身」，你把口水吐到天上去，誰會受到這口水的汙染？一定是自己。所以這是告訴我們，語言有沒有真實相？「今子罵我，我亦不納，子自持歸，禍子身矣！」語言也是一樣，你不去分別，別人罵你是豬，你心裡根本不用接受。這就是真正苦的原因，叫做「棄本逐末」。

棄本從末，「真」就會流浪在三界六道。諸有就是三界六道，然後就會起了很多怨、瞋，因此所遇到的「違害」就無限，「違」即是不順你的心；「害」即是人家主動來傷害你。「今雖無犯，是我宿殃惡業果熟」，現在雖無犯，有的人說我沒有做壞事，為何得這樣的果報？尤其是面對惡性的癌症或病痛，常會質疑又不抽煙喝酒，且生活正常，為何會得這樣的疾病？或這麼年輕就遇到這樣的病？不要這般怪罪，因為都是宿殃。這不是要你去認命，是告訴你說：一切不是無因由而來，是你沒有智慧，因為沒有智慧而去貪著、分別種種的一切，而產生種種的苦；這些種種的苦，多生累劫累積下來，就會到今生來受最大的苦，所以是宿殃。惡業已經熟了，「非天非人所能見與」，不是天也不是人所能給我的，於是就要「甘心甘受，都無冤訴」，甘心忍受，沒有任何的怨恨。

經典說：「逢苦不憂」，遇到苦而不會有憂傷的原因，是因為「識達故」，「識」是對前面的「理」很清楚，理是本來與佛無二無別，但因為我們被妄想執著帶入了，所以棄本從末。只要了解且不再棄本從末，從「真心」上去努力，稱為「識達」。之後體驗「此心生時，與理相應，體冤進道」，是很重要的觀念。識達，有「理」的真正認知，「體冤」就是不逃避現前的種種一切，跟師父所講：「面對種種苦的時候，要面對它、接受它、處理它、最後才能放下它」。

「體冤進道」意思就是我不逃脫一切的境界，因為因果是永遠都逃脫不了。只有知道這方面問題，不要掉落到分別妄想中，不要掉落到不知道自己的心是清淨，一念回光返照，所有的罪當下頓消。雖然可以頓消，但是無始以來，所造的業染仍然要在生活的當下酬償，連佛成佛都要受到苦，例如佛陀這麼大的福報去托缽，卻怎麼也托不到，偏要阿難去才能辦到。三日空缽，讓佛陀差點餓扁，阿難去竟然托到了。因此別想逃脫因果。體冤進道，就是在最艱難的環境中，才能開出真正美麗的花朵，溫室裡面是絕對不可能的，所以現在受苦，是在體冤進道，替你們消災免難。

自己是否能夠真心真意地從佛法上去關注自己？我們很會把精力、注意力放在很多妄想上，做一件事就思前顧後，一個挫折就起煩惱、起憤怒，再不然就是事情已經過去了，卻常常仍放不下、丟不開，想當然爾，這樣我們所過的生活品質多不好。生命有種種的現象，「識達故」，只要達觀。我今天站在河邊的橋上，看著水流奔騰，「仁者樂山，智者樂水」，一一去觀察水的各種差別相、各種因緣和合相，觀察它的業用，觀察到很多細微處，整個身心全然地投入進去，然後又觀察到水雖有差別相，但對每個因緣來講都是「凝然常住」，是自己以妄分別後，才聯繫成一整個。流注相續，我們執著它時，就掉在流注相續相上面，就覺得有一個東西一直流下去。若從法的因緣和合當下那一剎那來看，根本就沒有所謂的流注相，當下的相就是空，當下的相就是真正的圓滿。再跳出這個水的奔流，又有個不空、不動的東西，至少兩岸不動，石頭不動。再從遠一點的地方看這河水，就只像一條白色腰帶，就算有波濤，也看不出來。若再從更高處看，可能分辨不出它是條河。

從這裡就能想到，佛法所有的修行、禪觀，不是教我們躲藏在儀式裡面觀照，真正的止觀，是就著物的種種相、種種性，深深地體會它，並非胡思亂想，而是拿佛陀經典中教我們的開導教誡，一一地觀照，思惟是否果然如是？然後從這些生滅不已的現象裡，去體驗佛陀告訴我們有個不生滅的寂滅妙樂，到底是甚麼？相上有無寂滅妙樂？性上當然可以知道它空寂、無我、無名、無相，那如何即這個相就體驗到當下的空寂？這才叫真正的觀照。不是坐在那裡想空，這叫做「尋伺」。

三學聞、思、修的「思」非常重要，只有如此深思，才能對於法的性、種種妙相、差別相、好壞、對錯、是非清楚了知，了知後不執著其相，跳出其相，當下才能夠知道原來眾相宛然，宛然的當下就是空寂，宛然的當下就是有個東西，什麼都是宛然如幻，你要能夠洞徹，洞徹它時，處處就自在。體冤進道即在三際—過去、現在、未來。修行時不要掉落在過去的現象，「莫憶」—不要憶想，如何才能做到莫憶？知道一切苦、一切現象都是因為對境攀緣、憶捨分別不斷。我們要去體驗這個道理。

## 隨緣行

二、隨緣行者，眾生無我，並緣業所轉，苦樂齊受，皆從緣生。若得勝報、榮譽等事，是我過去宿因所感，今方得之，緣盡還無，何喜之有？得失從緣，心無增減，喜風不動，冥順於道，是故說言「隨緣行」。

第二個「隨緣行」，現在當下就要以不住的心來觀照，「應無所住而生其心」，不要住著在現有的成就及種種受用上，不要把現前的境當做實有，並住著其上。住著在這上面，認為有個實相，就是棄本，然後智慧不能產生如實的觀照，就叫沒智慧，即愚癡、無明。這就是教導我們要從諸法緣生緣滅，就當下這個東西，沒有任何實際存在，亦非空無，因緣當下有，尤其是面對種種成就，比方我們現在有這個色身成就，不要耽著在色身上；眼前所見的山河大地，也是業報感來之成就，不要去執著。

處處能知道一切皆因緣和合而成，因緣和合沒有真實的自性存在，但是在因緣和合之下不妨有種種的好壞、淨染、是非的存在，這是我們識心分別時所成的染淨、是非對待，這是從眾生的愚癡來講有這些現象，我們就知道這叫世間相，瞭解世間相，就會有智慧，就不會掉進那裡，再即這世間相做諸法如實觀照，觀照其當體即空，就不會對現前的境界過分執著。

修行是不分任何時刻，只要生命有一口氣在，都要清楚的覺照，所有身心境界的反應都要了知、明白，然後依法來觀照，不論用空觀、假觀或者因緣果報觀。一觀照以後，要能保持明覺的觀照力，這才是自己不會被生死所牽引的一個最大力量。念佛的人要念到一心不亂，臨終時才能真正往生西方。有人問：「參禪到臨終時該怎麼辨？」師父說：「很簡單，繼續把你的方法用下去就對了。」

用到當下沒有人我分別，只有一念清楚，不陷入顛倒。很清楚自己在用方法時，人我之心皆無攀緣，什麼心都沒有，至少自己的心是如如的。只要自己的觀照是清明的，就沒什麼了，所以說不必太害怕。大多數人當然是功夫不好，若對自己生命的自主能力，在修行時做不到，就好像螃蟹入熱湯，不管怎麼掙扎，最後還是陷在當中、死在裡面，因此心頭常要有這份警惕。真正的修行就是即當下，不論行、住、坐、臥任何時刻，要常觀照到自己的清淨心是不動的，常用智慧觀照外界境緣，不受外在境緣染污、不隨境緣而跑，這才是真正參禪、禪定。具足了這樣，處處都寬、天地皆美。天下本無事，庸人自擾之，大家光是用著達摩初祖告訴我們的隨緣行，當下就解脫了。

從一切法裡體驗當下「眾生無我，並緣業所轉」，「眾生無我」，切勿當作只有活的東西才叫眾生，所有這些生生滅滅的覺受，沒有一個固定的、真正的存在，故生滅當下即空寂，此名為「眾生無我」，無我不要變成斷滅。「並緣業所轉」，既然有種種因緣，就能產生種種業相，只要了解它的本體為何，則業相所顯不論是天堂或地獄，你就不為所苦。

你會發覺得很多參禪悟道的祖師大德，明瞭種種一切，於其身心所體現出來的生命自在跟解脫，全然不是用我們的眼光可以去觀察了知的。「我為法王，於法自在」，這怎會沒有我？你說沒有，我跟你說有；你說你掉在有裡，我跟你說沒有。這不是硬要這樣說，而是真實生命的體驗，正是真正下手處。觀察「眾生無我，並緣業所轉，苦樂齊受，皆從緣生」，大多數人都是這樣，但禪宗是匯歸到我們本性來，這個「眾生」就是指我們生滅不已的念頭，前念、中念、後念，念念都在追逐，念念都無法作主，從功夫角度來說叫無我，不能「隨處作主，立處皆真」，這就說明我們為何稱為眾生了，只有自己親悟過以後，才能說出這樣的話。

眾生怎會無我呢？從緣起性空義來講，因緣和合當下沒有自性，故名為空。眾生只理解經典所說，故理解為「空」，但沒有體驗到「不空」，沒有體驗到於法自在的智慧妙用及心性的清淨解脫才是生命究竟實相，否則跟草木一樣，草木永遠都是空寂的。眾生的特色在於能觀照，能於境上做種種分別覺照，能於境上做主宰，這在欲界天、他化自在天就已能掌握，到大梵天更是，但都還不是究竟解脫，只是心性的妙功能，真正到達無我的當下，就是真正妙我的顯現，如此配合下去，就是真正的智慧。

「苦樂齊受」，隨著境界能否真正做主？起種種苦樂分別時，當下苦樂現象就出現，否則哪裡苦呢？若真苦，佛陀會這樣修行嗎？可見很多修道成就者，根本就不覺得我們這樣的苦是苦，原因在哪？當心沒有智慧，心一念不覺時，就產生「三細六粗」[11]。一念不覺，真心便隨境轉，變成妄，所以學佛的當下，尤其是參禪，是每一法的當下都要洞見實相，於法得自在。

所謂得自在，就是因為連自己也不可得，才是真自在。能真正觀照一切都是緣生，緣生在唯識或者禪宗的修行中，是指所認知的、所分別的，就是緣。一念攀緣分別，苦樂便起，這就是業緣。

今天所講解的跟你們所認知的文字不太一樣，這已是在告訴你們禪宗的用法，即文字是往心性上來觀照。往心性來觀照，就容易掌握住修行的方法，所以要把我們的六根如六門般地閉住嗎？又不是木頭人，不必閉，盡情地看，盡情地聽，「大音希聲，大象

11 出於《大乘起信論》，根本無明起動真如，現出生滅流轉之妄法，其相狀有「三細」與「六粗」之別。

無形」，真正的大色是無色，真正的大音是無音。剛才那個水聲很響，但當我進入到觀照時，竟不知有水聲！只是做水相的種種觀照，就聽不到聲音；就水性來觀察時，周邊的境、周邊的色照樣進來，但好像都沒看到，就只看到水的奔騰相，大色無色，大音無音，不是真正的沒有，也不是去觀察說是緣起空故沒有，緣起空當下就是緣起有。心不加以攀緣時，一切境界自了了。

「各住其位」，不要加以取捨，看到風景產生很多感慨，說得好聽點是詩情畫意，說得不好聽就是心性不明，受境界的影響，能夠慢慢地放下這些景色，進入心與境合為一體時，這時好壞的、悲喜的情懷會慢慢變淡，淡下來時反而能有「萬物靜觀皆自得」之感，就會發現生命跟萬物相關的真實感受，此時就跳脫了第一層粗的覺受，然後住著在那兒。

第二層是心已不住著在那兒，但仍然在境裡面，是一種比較不用分別的粗識，這是觀，會感受到一種安然寧靜，甚至是在物我交融之中，體會到自己的生命跟外在的生命是一體的，同時是非常活潑、安然、甚至多采多姿的狀態，反而會覺得為何每天這樣瑣瑣碎碎過日子，為什麼不偷得浮生半日閒，跟大自然來一番心靈的交流？大多數人都是用有所求的心求景觀的美，希望藉著景觀的美來陶醉自己，暫時得到一種鬆懈，這個其實跟吃迷幻藥讓自己放鬆差不多。

若到達心境較安和時，這樣的現象也只能在某種機緣或者少數時間才能有，所以當你有了這樣的境界以後，再回到塵世，只能有短暫的安寧，最後又被世俗紛擾引起心性更大的苦惱，兩者對比下去，覺得更苦，於是可能會有一種嚮往，最好什麼都拋下、什麼都不管，出家好了，但這都不叫真正的體會。這只是去追逐身心認知，以為有個美的東西，你以為它真實存在，其實只不過是在生命的過程中曾經有過一段很短暫的心靈覺受而已，那一份記憶造成非常大的作用，導致變成更起心著相地追逐它。

按《大乘入道四行觀》而行，不要掉在文字上，掌握其修行的精華。掌握的住，則你這一生成道有餘，絕對可以得到非常大的受用。今天是以祖師禪的方式來說明，不要以為祖師禪是無跡可尋、難以用功的，其實是一步步都很踏實清楚。不跟你們講太多道理，是因為當你數息數到很認真、專心一意、清清楚楚時，自然就能體會心性裡的種種現象，不必對外人道；如果連這一步你都還沒達到，那麼就很難進到下一步。

佛法有體大、相大、用大，所有佛法都不離法身、報身、應化身，即祖師所謂的「三玄三要」[12]，其實你就觀察諸法的究竟實相，即緣起空，有其妙用假相，尤其是在修行時，要一一明白身心所有的運作，法上種種的觀行都稱為如幻。「如幻」意指不住著、不貪取，但對每一如幻都要清楚其如幻的相、如幻的作用及如幻的功能，這樣才名為真正的修行。例如到達一念不起的時候，何謂一念不起？若一念不起，而自身尚未經過身心的統一相，怎麼能稱一念不起？那麼一念不起的境界為何？若均不了解，這個都叫做不踏實修行。

踏實修行，是步步當下就觀照到諸法是空寂，一切作用的當下是業因業緣的種種和合，亦可呈現出種種功能妙用，而這些功能妙用在自己的身心現象是如何運作，要清楚地去了解，清楚了解後又不加以分別了知。很多境界如果不用心體悟，那麼關於法的道理就看不懂。

12 臨濟義玄禪師接引學人之方法。「三玄」：1.體中玄，指語句全無修飾，乃依據所有事物之真相與道理而表現之語句。2.句中玄，指不涉及分別情識之實語，即不拘泥於言語而能悟其玄奧。3.玄中玄，又作用中玄，指離於一切相待之論理與語句等桎梏之玄妙句。「三要」：1.第一要，為言語中無分別造作。2.第二要，為千聖直入玄奧。3.第三要，為言語道斷。

希望大家禪法的修行，是真的步步踏實，不要只是一句話掛在那裡，要參！拖著死屍的是誰？父母未生前是什麼？就把這句話一直地問下去，當然這是它的特色，但不只是呆呆地問，這過程裡照樣要對諸法作如實觀照，即思惟，禪定又稱「思惟修」，去思惟：既然諸法的實相是如此，那麼到底它是什麼樣的現象？要用自己的身心去親證明白，如是思惟以後，再一一地從自己的身心運轉，乃至對生活周遭的一切去深入探究，直到最後，所有身心思惟相，能了所了、能思所思的一切心及法，頓時全然放下，那就相應了。如果沒有前面這樣子的用功，你說要把識心能夠頓了，是不可能的。識心要頓了，透過話頭來說，它就是一直疑，疑到最後，什麼答案都沒有，然後空掉。

話頭的方式，是突然被逼，它不是用反問的方式一直去相應這究竟是什麼、那是什麼，是要去跟它念念相應，這就是下手處，千萬不要只是住在那裏，這是沒用的。多數人到現在還在說不會參祖師禪，這是因為你們太聰明，太願意用你們的心意識去分別，不然就是太懶惰，一坐在那裏心就不動了。行、住、坐、臥任何時刻皆在參禪之中，都是針對這樣的問題不斷去疑。

若我們心是清淨的、與佛無二無別，則你每走一步便自問：這是佛嗎？這是佛智嗎？這是佛用嗎？用自己的全身來問這件事情。當然是啊！佛陀都這樣說了，多少祖師亦如是說，現前一切諸法都是自己真心的妙用，亦是真心妙智慧的顯現，那你就老實體會：既然是這樣，吃飯是妙用嗎？走路是妙用嗎？睡覺是妙用嗎？但不要想得太多，不是教你去想，而是教你用真實的生命去配合它：究竟真實是什麼？不是求答案，只是真的一直用心下去，用心到所有身心好像都不見時，屆時因緣到來，就會知道。

修行時，時時刻刻都要用全部身心的力量，絕對不要打折扣，全部投入到那裡面去做真正的觀行，觀照它為何是如此？一步一步地逼自己進去，但是不要去找經典的答案，也不要管心裡當時生起什麼答案，不論有無答案都丟掉，就只是一直觀行下去：究竟那是什麼？一直這樣問下去，以默照在那裏照，也要用諸法實相來照當下身心種種的一切，如何與之真正的相應？這才是「返本還源」，才是真正在修行，否則你是用不上力的。

以智慧來掌控當下的因緣，從因緣裡自己能確實掌握它。大乘裡隨緣性地積極創造，包含你做每件事都用全部精神力量去做，不是只有修行，而是世間法所有一切的人事物，都要用生命最大的熱誠、智慧來說這句話、做這件事，在受用法的進行才是隨緣行。

如果每一分每一秒都是隨緣行，世間哪裡有怨偶及不愉快的事呢？人都是住著在過去的意念，住著眼前的境界，貪取尚未得到的更多美好，都以自己為本位，把自己認為實際實有，把別人歸納是種種的不對，這是沒智慧也沒了解因緣，了解因緣就知道世間所有的因緣不思議。只要善於對待所有因緣，都能如你願。我們說只管付出、不管收穫，有時覺得好難，只要我們做的當下是用全部身心力量去做，並能放下得失的觀念，照樣會很好的出現，但因為不擺在心裡就不會有壓力，就不會住著在心裡，而你的心就會自在。

一般的隨緣行大家都知道，在此所說的隨緣行是從大乘來講解，尤其是從祖師禪的用功上面來下手。最主要知道隨緣以後，不只是「喜風不動」，而是喜、怒、哀、樂等八風不動，但不動並不代表我們沒有這些境界，這些境界是喜、怒、哀、樂你都清楚知道感受，但心不住著。

不住著有幾種過程：（一）你認定是前世所造的業，在認定的當下要本分地去了業。（二）既然一切諸法都是因緣所生，當下空寂，既然沒實相，也不必住著。（三）只要有智慧觀察到一切諸法因緣和合的當下，就是生命全體顯現，不浪費、不輕忽每個因緣的當下，例如：現在我跟你們說話，也是因緣的當下，因緣的當下用生命最大誠懇熱度，全心全意投入，何必計較得失？每刻的因緣就是究竟圓滿，哪裡要等到最後一刻來臨才叫圓滿，所以念念當下就是清淨圓滿，那就是佛。

在《阿彌陀經》中，阿彌陀佛都會善護念所有一切的人，佛陀也教我們善知護念所有一切，念念都不錯失，念念都要珍惜當下的因緣，就叫活在當下。如果這樣就能「冥順於道」，一切言說教化，說有佛、無佛、成佛、修行、涅槃，這些都是言說，言說都稱為方便，一切方便都沒究竟實相，因此都稱為隨緣，但沒有究竟實相，它當下沒有相就是究竟實相。

一切的言說善巧方便當下就是中道，雖然唯一只有一乘，沒有第二第三，唯一以大乘因緣開示眾生，令眾生悟入佛之知見，你不要以為只有最高深的教理（涅槃思想、般若思想）才是最高的，要自己知道一切因緣當下是空，一切因緣當下的假有，一切因緣都是空假不二的。若能掌握到這樣的不二，就叫智慧行、修行，跟語錄是完全相應的。

## 無所求行

三、無所求行者，世人長迷，處處貪著，名之為「求」。智者悟真，理將俗反，安心無為，形隨運轉，萬有斯空，無所願樂。功德、黑暗，常相隨逐，三界久居，猶如火宅，有身皆苦，誰得而安，了達此處，故捨諸有，止想無求。經曰：「有求皆苦，無求即樂。」判知無求，真為道行，故言「無所求行」。

第三叫「無所求行」，即我們不要有虛妄心。前面第一個報冤行叫無欲，第二活在當下眼前的東西叫無住，要做到對未來無所求，做任何事只是老實本分去從事，心裡不要想任何成就，任何成就的當下就是心的妄心所起，對妄境又執著，心跟境當下你怎麼去修都得不到真實的法。但無所求並不是要你不去做，要你念念相應在法上，進而去莊嚴成就，才是莊嚴國土。

諸佛要成佛前都要先莊嚴自己的國土，國土是每一人的國土，即種種因緣和合的當下，都叫你的國土，包括從你的思想、言行，包含周遭擁有的一切都叫你的國土。莊嚴國土即是要念念知道緣的實相要積極的、開展的，但無所求、無所得，因此稱無失亦無得。禪宗的東西要相應到這裡，落入到有所求、有所得就錯了。無所求、無所得修什麼？你也知道這些本來就是具足的，我們現在欠缺，因此要去成就，可是知道成就本來就是具足的，不要念念在那一分貪取心上，而是念念如何把心消融以後，相應到諸佛的心，修行不是去佔有成就，因此才叫莊嚴。心地本來就圓滿，只是在身、口、意三業裡，沒有跟它相應在一起，無法自己把它莊嚴起來，心馬上離一切分別所求，當下念念就是莊嚴的國土，不管身心念頭，包括所處的周遭，就叫唯心淨土。

唯心淨土跟世界也有關係，舍利弗有一次懷疑：「若菩薩心淨，則佛土淨者，我世尊本為菩薩時，意豈不淨，而是佛土不淨若此？」覺得釋迦牟尼佛的娑婆國土為何如此不淨？「於是佛以足指按地，即時三千大千世界，若干百千珍寶嚴飾，譬如寶莊嚴佛，無量功德寶莊嚴土，一切大眾歎未曾有！而皆自見坐寶蓮華。」結果世尊自己腳往地上一踏，一接觸到指尖，整個山河大地頓時像西方淨土一樣。

其實這是描寫我們的心性本來就跟釋迦牟尼佛一樣。「釋迦」叫做能仁、寂默，你不寂默，如何能仁呢？我們都不認清自己就跟佛是無二無別的能仁，那麼要如何去認清它呢？就要從生命實踐裡體驗到不生不滅的寂默，所以釋迦佛是誰？就是自己。不要分別山河大地的妄相，當下你腳踏實地時，地都圓滿莊嚴，這就是自己的清淨本性。佛的世間，自己沒有體驗到，所以我們感受到一片污穢，「眾生罪故，不見如來佛土嚴淨，非如來咎」，它是生命真實實踐體現出的東西，「菩薩於一切眾生，悉皆平等，深心清淨，依佛智慧，則能見此佛土清淨」。

「心裡無事就天下太平」這句話，「無事」並不是吃飽沒事做，而是了解生命究竟的實相，做任何事也沒有這些事情的境相或放在心裡執著，但念念相應到實法。

第三的無所求，即是修行過程中，不要只是無所求。如果我問：「怎不精進？」你說：「業障、因緣不具足就隨緣。」因為大家平常都這樣說，或許住眾怕把你們嚇跑，更何況和尚怕施主。但如果在禪堂裡說這句話，我一定要打醒你，那不叫隨緣，而是妄緣。

自己不了解因緣，因緣的無所求絕對是非常認真，把全部的生命投入並積極從事，但積極從事是身心不著在任何有所求、有所得，也沒有身心相，只是全心全意在法上跟它相融成一片，最後連法也不存在，領受覺知也全都放下，如同老實人。

很多人不了解就掉在因緣境界裡，起心動念一發心就落在要有菩提成就，又告訴你不要這樣想，你一聽到這個文字，又會認為學任何東西都不要有任何的想求，於是又變成隨緣，內心根本沒有積極向上努力，這就不會有成就。世間法都是這樣去爬，佛法也是世間法，也是要爬，爬了才知道當前的一切只是心的妄念，放下時才知道原來得就是不得。「不得」，不是本來就是貧窮、什麼都沒有。

當下頓照一切的實相就是空寂的，這一切只不過是因緣各自呈現出來的妙相。每個法都有自己的妙相，而沒有高低好壞、是非追逐，這樣你才能法法自在，並不是每一法你看空了就得自在，只能稱「盡其性」，而非「盡其相」，「性」是如如空寂的，但是「相」是千變萬化的。

世人常處處貪著，要努力去跟一切諸法的實相相應，但不要以為有個佛可成就，或有煩惱要斷，那只是在我們迷的時候，還有這樣的認知感受，但在修行過程中，還是先一步一步來。我們是凡夫，有很多身心煩惱痛苦，可以從因果、體驗、達觀、明心入道，一步步慢慢來，相應以後才知道諸法因緣本空，一切的相雖有種種差別，但它還是因緣，因緣和合各自會轉變，每個緣都有自己的特色、殊勝，得失是自己住著、用過去的經驗認知去評斷它。在現前的法來說，每一法都是各有其作用，平等無差別的。

認清法的實相才能安住，世間的人很容易落入境界裡，依識心來做分別，有所作為時也會落入相的追求。並不是作為不需要，相反的，我們時時刻刻都要積極，因此菩薩連自己身心都放下，為眾生離苦得樂而努力，用自己全部的生命去投入，但是，投入的當下不要掉在有所求的相。

如果了解每個因緣且不住著它，因為每個因緣都各得其相，每個人也各有其因緣。如果你把別人的因緣攬成自己的因緣，苦不苦呢？好多事就是這樣。明知是因緣，你就攬住一切，因此別人誇你就感到開心；別人臉色給你看，那個因緣你也認不透，認為這人對你不好而防備他，下次你也擺臉色，這都叫著相，沒有認清真正的因緣。

「智者悟真，理將俗反，安心無為，形隨運轉，萬有斯空，無所願樂。」有智慧的人能悟到真，這裡的「真」不要只當作緣起性空，這是小乘的解脫法。「真」也是悟到一切因緣不思議，要積極去創造因緣，在創造實踐過程中，心裡不要有任何的相，知道它是空寂的、知道因緣不思議，要活在當下、用全部身心的力量投入現在的一切，不是去捉住一個東西，這就是證悟。「將」是拿，所悟的道理要跟世間所有的生活事相融合在一起，不要天天在作夢，你有這樣的智慧，應用在生命裡去實踐它。如果一念對境界起了煩惱，用智慧去觀照就能馬上跳脫。

什麼叫「安心無為」？心能不隨境起，看起來無作為，那是無所求，但無為反而是大作為。例如：我的師兄弟，每個人在工作崗位上盡責，但每個人都沒有想出頭。如果有想出頭的心，是非紛爭就來了。你說有沒有盡心？有。每人都希望把本分的事做得最善美，但不是貪求的心，是生命實踐的過程中必須經歷，這樣的認知就完全不同了，會認真地付出，也要求做到最好，對別人給的指正也能接受，但不會把它變成一種相去分別執著，否則就變成跟人的對立或跟事的對立了。如果能安心在無為裡，就真的「形隨運轉」。「運」不要把它當作命運，是因緣和合當下的流轉。我們自己的臭皮囊隨著生命的生活當下，看起來在流轉，好像沒什麼，但流轉之中處處顯出自己生命的自在光芒與智慧。

「萬有斯空」是指我們不被境轉，「空」不是斷滅的空，反而因為它是空才呈現出萬有的形形色色，一切萬有就像山河大地，種種一切美好。「萬有斯空，無所願樂」，不要看到這幾句就錯誤認為：我都不要發願，就是因為萬有斯空，所以一切的怨樂都不放在心裡，才有大樂。為什麼叫極樂世界叫「極樂」？佛的境界為什麼常樂我淨？這個

「樂」，必須要去體驗，生命經過這樣的沉潛、提升、進化，到達生命完全實踐無所有的當下，就是一切都具足。要認清佛法與修行對我們的重要，如何把自己從修行的體驗化成生命的智慧應用，如此生活才會圓滿。

「萬有斯空，無所願樂。功德、黑暗，常相隨逐，三界久居，猶如火宅，有身皆苦，誰得而安？」大部分在中國教典義理講到「空」，在文字乃至生活上，似乎都是不積極，沒有朝正面、光明面去努力，看到這幾句，想到小時候聽過：「財也空，色也空」，什麼都空了就都不要，覺得這樣的感受大家會以為佛教很消極。面對世間的生活及種種一切，認為都是假有、無常、空的、苦的，就沒有一種主動積極，這都是在禪修過程中，過分停住於「定」的境界，對於現實的人生，比較不會有那麼多著墨。這是因為從禪修過程中，自己能體驗到離開世間的快樂，有一種清淨安寧的自在解脫，這是指在參禪的人，不一定是出家人。

從禪宗積極的態度來說，不是因為一切都是無常、苦、不究竟的，你才無所願樂。無所求，是因為一切諸法的究竟實相是空寂的，空寂的當下要見到諸法的莊嚴、殊勝的種種妙相，所呈現出來的不同功用，要去莊嚴它，因此稱莊嚴淨土。要知道淨土的莊嚴，最重要的是要了解它究竟的實質也是無所得的，但無所得並不是沒有東西，而是要我們不要住著。對道業、對修行要用全部力量投入，投入的當下，你的心態能善觀、善待你身心發出的力量作用，這是屬於業用上假有的努力。當你相應到實法時，你知道沒有所謂究竟的苦，也沒有所謂成佛的東西可得，只是在修行過程中慢慢跟法相應，當下你相應到究竟的空寂又是種種妙有時，剎那間你就已經圓滿了。

禪宗修行的思想，在生活上要去貫徹，因為我們的心性本來就是空寂、不生不滅的，本來就是清淨的。從這裡去修，才能念念當下不執著、不貪求，自己就跟空相應，又知道空的當下是妙有的成就，廣學多聞、六度萬行等，一一要去成就，但成就的當下沒有任何的得相可求，這才是真正大乘佛法的精神。

「功德、黑暗，常相隨逐」，意思是說喜樂成敗好像轉眼之間，是無常、不可捉摸的，你就變成對自己的前途等種種一切不知如何是好，「功德、黑暗」你如果自己身心無法主宰，你就被成敗、得失永遠綁住，「常相隨逐」就無法跳脫。要了解所謂的功德跟黑暗是一體兩面，只要掌握住它真正的妙用，即因緣和合當下的實質與當下的不可思議，這樣不管是功德來或黑暗來，都是讓你生命究竟解脫，不要處逆境時就絕望、自殺，但也不要處在意氣風發時，就覺得了不起，那都是自己迷失了不會修行。佛法的觀照是告訴你：所有的相都有不同的作用，但要掌握住它的不變。不變就是無相，無相可以有任何相，無相時心不要執著、住著，就是無相。

## 稱法行

四、稱法行者，性淨之理目之為法，此理眾相斯空，無染無著，無此無彼。經曰：「法無眾生，離眾生垢故；法無有我，離我垢故。」智者若能信解此理，應當稱法而行。法體無慳身命財，行檀捨施，心無悋惜，脫解三空，不倚不著，但為去垢，稱化眾生而不取相。此為自行復能利他，亦能莊嚴菩提之道。檀施既爾，餘五亦然，為除妄想，修行六度而無所行，是為「稱法行」。

第四個「稱法行」，「稱」就是相應到佛法的究竟實相，即我們修行的一切，都相應到佛陀所證悟的大道理，用禪宗的話即是「印心」，也就是相應到佛陀真正的本懷，不是相應到佛陀四十九年方便教誡的言詞。「稱法行」是以經典教理上來說，「稱法行」的「稱」是以《楞伽經》為主，「佛語心為宗」，修行所有一切，縱然不離經典的指導，但要相應到佛陀剎那證悟的本懷，所有的言教修行都只是一種方便次第，沒有一個相可得，實相是無形無相、無色無味，是如如自在又空寂的，這是佛陀證悟所得的涅槃大法。

「性淨之理」是本性清淨的道理，這點是大乘思想重要的地方，前述三行是講現象及苦空無我的道理，稱法行是就本性實相上來談，實相所談的就是相應到大乘的真理。這裡的本性，從小乘來說，是諸法因緣和合，當下沒有自性，又因為沒有自性，所以一切是因緣假和合、是幻有的，因此是無性，無性則是清淨。

這裡的「性淨」是「一切眾生皆具有如來智慧德相，只因妄想執著不能證得」，「性淨」是指本來人人具足的清淨佛性智慧，但是眾生沒有體驗到，當你修行以後，能相應到本覺本智，就叫成佛，是我們從聞思修以後的努力實踐，了悟到清淨的實相本體智慧，所以原來的本佛跟究竟的佛成為一體，就是「稱法行」。「稱」字不僅是指性淨的道理，不只包含原來的理，還有行上的證入，要跟原來的本體如如、自在要相應，這才是「稱」。因為空與無常，我們才知因緣的可貴，才能掌握每個因緣就叫智慧妙用；能做到這樣的智慧妙用就是了解佛法；從修證上去了悟，稱為究竟覺、圓滿的智慧或佛智。

「法無眾生，離眾生垢故；法無有我，離我垢故。」大家要了解「法無眾生」，一切諸法沒有所謂的形相，雖然它現出種種形相，在它的形相裡不要著相，不著相的當下每個相都是清淨相、妙相，你一執著認為這叫年輕漂亮，就落在相上。不落在相上，你還是知道這是什麼相，但你不起分別貪念時，就叫「離眾生垢」。若有分別，就把主觀意見帶進去，就會受染污而再也不同了。法有沒有眾生相呢？法本身有很多，但它會不會有生生滅滅的思想呢？會不會有捨取的念呢？不會的，因為它沒有加入生生滅滅取捨分別的垢，故法無眾生。

無眾生是什麼原因，即「法住法位」，一切諸法當下就如如，當下就自在就解脫，因此，這一句成為修行很重要的關鍵。遇到一點苦就受不了，就掉在法的眾生垢裡。若每個境界只是知道，但不是說就忍在那，你照樣要用身心去把當下的境界消融，成為你生命的助力。在苦中成就確實有其道理，不是只是說苦不好，對我來說倒是一點都不苦，因為現在反觀生命就是有苦，使我生命活得多采多姿。

「法無有我，離我垢故」，「我垢」是一切都由我自己作主，所有一切都歸納變成到我。如果用真心無妨，用的都是妄心，因此一切都消融不下。你要消融它就不要對立，融成一體就沒有自己主觀的意見，才能使一切的對立消融。我們要用平定的心、用真誠的心面對種種一切，也很平和地觀照它，這時無論用慈悲的心或智慧的心、同理心，才能處理得很好。

不要把佛法弄得太死板，修行是很活的，即一法就要見出一切萬法的妙相，萬法雖有千變萬化，但不離開一心。這些道理常說，要在平常去體驗是否如此，若沒把這些放在心裡觀照，就不叫修行。禪定需要尋伺，但不是亂想，是從法的實相、差別相來進入，有這樣的觀照才不會迷失。大乘的祖師禪不只是藉「止觀」兩字，但在實際生活中，不離開智慧的觀照與妙用，所以站在那裡，為什麼天地可以突然消失？你已經跟佛融在一起、跟境融在一起，聲音也聽不到，所有的境也分別不了，當下一切就清淨。那種感受是生命跟萬物合成一體，到最後感受到奔騰不已的，就是生命的反射、寫照。你就不會看到只是水在奔騰，這些是說明修行如何落實，若只是呆坐，頂多只是身心的安定而已。

所有的修行都沒有目的，也都沒有任何成就，只是老實本分地去做，你就可以消融自己的妄想、執著、分別對待，這叫「只問耕耘，不問收穫」。在禪宗稱為「只管打坐」，只管這樣坐下去，自然所有一切垢（分別心、執著心、有求的心）會沒有，就有能力與智慧去度化眾生。因為自己沒有了這些垢，就不會著相，就能自利，也能利他，也就能莊嚴菩提之道，也能莊嚴淨土。在六度修行裡不執著相，也不執著功德，認真踏實去做，本身就是偉大成就，故稱「無所行」，才叫真正的「稱法行」。

# 第九章　橋流水不流

# 如何一切自在

徐志摩〈再別康橋〉裡「揮揮衣袖，不帶走任何一片雲彩」，雖是詩人的境界，為何我們卻沒這樣的灑脫呢？我們活在自己太多的生死妄想心中，無法有智慧地觀照，那麼對於現象進行的種種因緣事件，就無法用智慧去領納它。即使有所領納，也是妄心的領納，徒增更多感情的負擔與所知的見解障礙。自己要承擔起來，說我跟佛都無二無別，要有這樣的氣概！每個人都可以成為一代的大德大師。若今生不了，來生再做。生生世世要有這樣的願心，並非虛偽的發願，是腳踏實地的認知，這才是真正領受佛法智慧的顯現。

於法真正得自在，不是虛矯。大家要從這樣的因緣來掌握佛法，不要只是掉落在得失成敗上。用智慧觀察，知道一切諸法本來因緣和合，來不歡喜，去不憂傷，何必感傷「舊時王謝堂前燕，飛入尋常百姓家」？世間本起落無常，不必被迷失，也不是要你跳脫，要達觀，要知苦、斷集、慕滅、修道，身心不要常有貪求之心，這樣即使在聲聞教法中，亦得解脫。

一般人們看到因緣起滅，會掉落在有無上，去計較執著而跳不出來。聲聞學者認知到這是世間相，不掉落在其中，依佛法知道一切因緣當下是空，經過佛法的修學後，可了這些苦，就認真去修、握住要訣，當下便在這些因緣境界下如如自在，這是小乘非常踏實的修法。佛法的修證，是問自己身心相應多少，不是你知道多少，不是佛法有多奧妙，是內心真實的領悟有多少？自己生命可實踐多少？法無高低大小，以數息、打坐觀照身心相，知道是假相，就丟掉；要悟、要參，就拿起話頭，不是思索，以觀照的方式相應。平常應事應物時，也要以自己內心所見的真實相，相應到諸法事相的成、住、壞、空，相應種種世間法的起、承、轉、合，以智慧觀照、善用並善待之，且心中了無一物可得，這就是大乘佛法的運用。

## 教你當個無入不自得的自在人

「以有空義故，一切法得成」，並非掉落在生滅假相的有無，生起悲觀、認命的思想，然後自己從達觀知苦裡跳脫出來，這是屬於基層佛法的修行。更高一點，「色空不二」，一切諸法當下，色即是空，空即是色，世間一切法皆是相依相成。你的失敗剛好是別人的墊腳石，你不失敗，口袋裡的錢怎麼會到其他人的口袋去？很多因緣是互依互成，不是對抗、對立，這就是曹洞宗的思想。曹洞的修行會以互補、互用，如《易經》陰陽相生之理來說明。一切諸法無法各自獨立便顯出其相，一定會有另一個相與它互相成就作用，世間諸法「有」與「無」是相輔相成，此時所見就不是消極的斷滅，而是積極的生滅，永恆的生生不息。

滅與生之間的剎那，我們都會先掉落一段時間，先認定有一個相生，之後再認定有一個相滅，這不是般若思想所謂的「相生相成」、「色空不二」。般若生滅是指每個因緣、每個階段，當下即生，當下即滅；既然是當下的生滅，這才開展出生命宇宙萬象的生生不息。既然是生命生生不息，哪有老、病、死的現象？每一個刻、分、秒，剎那即圓成、剎那就是最好，要用智慧去洞觀，去相應這種道理。或許你會覺得很難，所以才稱為般若。但至少知道相輔相生的道理，得失不是互相對立，而是互相促成，這就是本來的因、本來的緣，諸法的實相即是如此。若更積極的開展，即可看到生命永恆不停、永恆的開展。所以說「法住法位」，世間一切諸法，不要說它有生滅，其實它是常住。

今天我們圓滿嗎？時時刻刻都圓滿，不必等到最後一刻或聽到什麼東西，才叫圓滿。不必檢視我帶來的背包有沒有裝上更多的東西，最好能全部丟掉。能放開丟下的，全部放下，只注意你的腳下，如此一來，肩上挑再多的東西，你都是自在的。如果腳步虛懸，那怕只有寸步，你都覺得是累贅、窒礙難行。希望大家能真正的覺醒，每一刻的因緣，就是圓滿；每一剎那，就是圓滿。只要能珍惜每個當下，善用自己所有的身心去投入並努力地進行，那麼，「失與得」、「成與壞」、「有跟無」，其實都不會影響你，念念皆清淨，念念都自在，所以哪有別離的一刻呢？

不要認為佛法說「如夢幻泡影」就解釋成什麼都沒有，夢是如幻似有，既然如幻就不是無、不是斷滅。既然是如幻，不執著，世間的幻法、幻事、幻物，也是用你的身心力量去莊嚴與成就它。莊嚴成就它後，心中又要不貪著寸縷，這才是真正面對自己真實的生命。每一刻皆如此，不會因為什麼樣的因緣境界而改變，因為深知「諸法如是相」。

用你的生命去印證，這才是禪修的主要目標。大慧宗杲禪師是誰啊？就是你們每一個人。話頭是什麼？就是你們清淨本心。從因緣法看來，有成住壞空、有來去依依不捨的感情，但如果我們活在真正的佛法中，永遠是不孤獨的，但也永遠是最孤獨的。為什麼不孤獨？因為生命無盡，跟一切法界眾生其實是同一鼻孔出氣。生命每一個當下，跟過去、未來諸佛，乃至於一切眾生，真的沒有感受離別或者不在的。

「問十二時中如何用心？師云：『你被十二時使，老僧使得十二時。』」為何趙州能使得十二時辰？意指所有時間他都能任運自在，沒有任何一刻，是他不能作主的。為何我們不能到達這樣的境地？不要以為他一定很認真，天天抓住一個東西，這絕對沒有。反而就只是飢來吃飯、睏來睡覺，但也絕不同於我們世俗所謂的懶惰或故做瀟灑。

「實際理地不受一塵，佛事門中不捨一法」，實際的真理上面，沒有一個東西可證，亦稱為「有佛處，不得住；無佛處，急走過」，不要以為自己有所修證、有所證悟，就溺在這法喜、法悅的成就中，以為證得什麼果位，這不是禪宗。禪宗是「千山萬水我獨去」、「直入千山萬山」，禪宗行者絕不會認為證悟的人生是可期的，而世間紅塵是可悲的。

「千山萬水我獨去」代表自己在真理的實踐上，沒有一法可得，故稱為「寸絲不掛」。「千山萬山」代表任何境界、任何體驗都只有自己曉得，所以我獨行，但不是淒涼，是生命的自覺。自覺後，連自己的身心都不在，故山河大地一切，處處皆可去，但亦沒有任何境界可得。

## 到底有得？還是無得？

我們再看看純禪時代的法師，第一位是傅翕，一般稱為傅大士，為梁武帝時代的人物。有人說他可能受了老莊學說「無為而無不為」的思想暗示，故其語錄中，常有將矛盾的兩種意思合為一句話的例子，後期的禪宗受了傅翕的影響，所以在禪宗祖師中，包含曹洞，以後你會看到一些非常矛盾的語言。例如：祖師說「披枷帶鎖」，修道人居然是披枷帶鎖的犯人。僧問雲門：「如何是佛？」雲門回曰：「乾屎橛。」類似這種不按牌理出牌或逆著說的禪話，早在達摩之前傅大士的語錄中，就能看到這樣的說法。

《善慧大士錄》，即傅大士的語錄，內容提到「真照無照」、「一心非心」，這類的智慧常在早期禪師語錄裡顯現，這都是在表達般若的實相。我們常取「智慧的觀照」這個說法，認為智慧的觀照就是常有真實的智慧得以觀照，但此處卻告訴我們「真照無照」，看到此處，才知道「無智亦無得」。「真照」就是能真正瞭解諸法究竟實相，若「無照」，就透不過事事相相。但若你認為有這樣智慧應用，可以照見諸法的實相，而且這個智是真實存在的，那就又錯了。

臨濟大師在入滅前留下一偈，「吹毛用了急須磨」，「吹毛」即吹毛劍，是很鋒利的劍，代表智慧的妙用，真正的武功蓋世，是身上無刀、心中無招。認為有個清淨心存在，那絕對是錯的，「真照無照」、「一心非心」這幾句話都是在講諸法究竟實相，《善慧大士錄》又提到：「寂滅性中無有滅，真實覺中無覺知」，從義理上可以瞭解。「生滅滅已，寂滅為樂」，常認為有一「寂滅」可證，即所謂四聖諦的「慕滅修道」，以為有修、有證、有得。但佛法又告訴我們「寂滅」沒有滅，所以在《楞伽經》中說：「無有涅槃佛，無有佛涅槃」，沒有一個法稱為涅槃法，故沒有一個人涅槃，也沒有佛涅槃，因此不要以為有這樣的果位、境界可成就。

像傅大士的禪詩：「空手把鋤頭，步行騎水牛，人從橋上過，橋流水不流」，記得我二十多歲，看了很多現代人的註解，看到這句禪詩，覺得非常奧妙。空手如何把鋤頭？那種境界是什麼？有種說不出來的感覺。若說沒有體會，又似乎有體會；若說有體會，又說不出來。總之，這類語錄會帶動我們一種心靈的反思，以前我們看書都是順著這樣看，突然有這樣的矛盾，這是你就會反觀：話是這麼說，但他到底要表達的是什麼？現實的人生是不是會遇到這樣的事情？自己要去作觀照。

## 還能怎麼體證真心實相？

以前我看語錄，會先推敲文字義理再想答案，這都是比較不正確的方式去驗證語錄，但不失為一種方法。一開始都會用世間智對它思維、觀照，每次的看法會隨著我們的修行、體驗，可能會有另一層領悟。說實話，我更重視這種真實的體悟，而不必去背誦那些很玄的文句。任何一個法，貴在生命跟它如何互動，那怕這種感動牽動你生死的妄念，但它也是最真實的。所以對於語錄，不要過分執著於到底意義是什麼。最貴重的是你的生命與覺知是跟它相應的。這個相應的覺知會隨著你的年齡、生活經驗、自己體悟而有所不同。

現在我仍然看語錄，不過現在看，是看一句話就能相應其所講的內容，第二個相應的是馬上能看到這祖師的善巧、奧妙，用這樣的方式來接引這樣的根機，不必去推敲，馬上能領會。雖然是距離千年的祖師，如活在自己心中，受到他的教導一般，自己就是被祖師問難的人。所以，生命就變的很活了，不侷限於文字的體驗，而是活生生的境界，生命就與祖師在一起。

語錄是祖師們的菁華，不要當成背書，要多去接觸、多去參、多去會，自然也可從中得益。看到任何境界，例如站在橋上，就參起「人從橋上過，橋流水不流」，到底什麼是「橋流水不流」呢？明明自己站在橋上，如果橋流的話，自己不就坐在舟上？那就不是橋啊？流本來就在流，怎麼會「橋流水不流」呢？流者變成不流，不流者變成流？傅翕的禪詩善得般若之意，從般若的實相來看，看到一切差別的對待，當下就是無相的。「無相」不是虛無的無，有其種種妙用。「把鋤頭」你執著有手去把它，執著有鋤頭可把，那你就掉落在種種有相的境界上。即使你有所成就，只不過是一個循規蹈矩的君子罷了，沒辦法作到生命真正的灑脫，你只是在有限的身心中去作功課。

為什麼達摩「來此東土，見赤縣神州，有大乘氣象，遂踰海越漠，為法求人」？雖然沒有像佛陀講的那麼深邃、有次第可以完成，但是具體而微的教法幾乎都有，所以這類的思想就很容易相應。而西方的一神教，人人能不能做上帝？這就不一樣。東方就有這樣思想，下次再跟大家談。很感激諸位法師、禪眾的護持，讓我這次的因緣很殊勝，總之感謝大家，阿彌陀佛！

國家圖書館出版品預行編目（CIP）資料

禪的知見：為參話頭做準備(精華版) / 釋果如著. --
-- 初版. -- 新北市：大喜文化, 民108.06
面；　公分. -- (果如法師說禪；108001)
ISBN 978-986-97518-7-2(平裝)

1.禪宗 2.佛教修持

226.65　　108007242

果如法師說禪 108001

# 禪的知見：爲參話頭做準備（精華版）

作　　者：釋果如
編　　輯：張立欣
發 行 人：梁崇明
出 版 者：大喜文化有限公司
封面設計：大千出版社
登 記 證：行政院新聞局局版台省業字第 244 號
P.O.BOX ：中和市郵政第 2-193 號信箱
發 行 處：23556 新北市中和區板南路 498 號 7 樓之 2
電　　話：02-2223-1391
傳　　真：02-2223-1077
E-Mail：joy131499@gmail.com
銀行匯款：銀行代號：050　帳號：002-120-348-27
臺灣企銀　帳戶：大喜文化有限公司
劃撥帳號：5023-2915，帳戶：大喜文化有限公司
總經銷商：聯合發行股份有限公司
地　　址：231 新北市新店區寶橋路 235 巷 6 弄 6 號 2 樓
電　　話：02-2917-8022
傳　　真：02-2915-7212
出版日期：2019 年 6 月
流 通 費：$280
I S B N：978-986-97518-7-2
網　　址：www.facebook.com/joy131499